DE GAULLE ET LE GAULLISME
UNE MYTHOLOGIE D'AUJOURD'HUI

CORINNE MAIER

Sommaire

Les mots suivis d'un astérisque (*) sont expliqués dans le glossaire.

Le Français le plus célèbre de son siècle

On ne présente plus le général de Gaulle, rebelle du 18 juin 1940, homme providentiel qui revient au pouvoir lors de la crise algérienne, législateur qui donne en 1958 une Constitution à la France ; entre 1940 et 1970, il façonne littéralement l'existence de notre pays. Par sa position d'exception, tout se passe comme s'il échappait aux catégories communes, aux groupes et aux modes, tant et si bien qu'il semble dominer de toute sa stature les Français qui le soutiennent ou le critiquent. Le plus remarquable, dans l'épopée hors norme de cet homme, c'est qu'il remporte ses victoires par la seule magie du verbe.

Le Général, grand homme et père fondateur, est une référence inlassablement sollicitée, et le gaullisme, cette aventure collective, imprègne la vie publique française. Aussi de Gaulle et sa pensée constituent-ils véritablement une mythologie qui influence, par ses références, ses images et ses mots, notre façon de faire et de penser la politique.

Quelle a été la trajectoire de Charles de Gaulle ? Quels sont les moments clés de sa carrière ? Est-il encore d'actualité ? Qu'est-ce que le gaullisme, et qu'en reste-t-il aujourd'hui ? Telles sont les questions auxquelles cet ouvrage s'attache à répondre, sans prétendre évidemment tout dire, en cherchant à préciser les principaux repères et à susciter chez le lecteur le désir d'en savoir davantage.

L'enfance

Charles de Gaulle vient d'une famille catholique, conservatrice et cultivée. C'est de son éducation qu'il tient sa passion pour la France et pour l'Histoire.

Le destin

En 1905, Charles, 15 ans, rêve et écrit : « *En 1930, l'Europe déclara la guerre à la France. Trois armées allemandes franchirent les Vosges. Le général de Gaulle fut mis à la tête de 200 000 hommes et de 518 canons.* » (*Lettres, notes et carnets*, t. I)

Charles et l'histoire de France

Sa passion pour l'histoire lui a été transmise par son père : « *Mon père, homme de culture, de pensée, de tradition, était imprégné du sentiment de la dignité de la France. Il m'en a découvert l'histoire.* » (*Mémoires de guerre*)

Des parents conservateurs et concernés par l'actualité

Charles de Gaulle est né à Lille, le 22 novembre 1890, dans la maison de sa grand-mère, située rue Princesse, au cœur du quartier janséniste ; il est un enfant du Nord. Son père, Henri de Gaulle, est issu de la petite noblesse de robe ; ce catholique conservateur enseigne dans un collège de jésuites. Si sa mère, Jeanne Maillot, vient d'une famille bourgeoise du nord de la France, les de Gaulle ne sont pas des bourgeois, mais plutôt des gens de plume, des clercs, des commis de l'État, des érudits et des écrivains de province. Les parents de Charles ont cinq enfants (quatre fils, une fille), et mènent une vie rangée. Ces gens acceptent la République, mais regrettent la monarchie. Le père montre son indépendance d'esprit lors de l'affaire Dreyfus* (1894) : Henri est convaincu de l'innocence du capitaine israélite, et ne craint pas de se proclamer « dreyfusard », contrairement à l'immense majorité de ses amis politiques. Dans la famille de Charles, il y a aussi des personnages hauts en couleur : un barde breton, un entomologiste collectionneur de guêpes et une femme écrivain, Joséphine de Gaulle, sa grand-mère. Un père qui défend ses idées, une grand-mère hors norme : Charles de Gaulle aura de qui tenir.

Des valeurs nationalistes

De Gaulle commence sa vie dans une période imprégnée de patriotisme revanchard. Alors qu'il est tout petit, sa mère lui raconte son désespoir de petite fille quand l'armée française capitule en 1870 face aux Allemands. Aussi le petit Charles, quand il joue à la guerre, est-il toujours la France. C'est dans

ce contexte que se cristallise l'une des idées qui lui servira de bannière pendant toute sa carrière politique : il pense que « *la France n'est réellement elle-même qu'au premier rang* » (*Mémoires de guerre*). Autre idée-force, qu'il forge à ce moment-là au fil des livres d'histoire qu'il dévore : l'histoire de France forme un tout – comme la nation française, dont la vocation est d'être unifiée. Elle intègre aussi bien les rois carolingiens, les bâtisseurs de cathédrales, les révolutionnaires de 1789, que les communards de 1870.

Les enfants de Gaulle : Charles (au centre) entouré de ses quatre frères et sœurs.

La force du caractère

Toute sa vie, Charles de Gaulle s'est fait remarquer par sa grande taille. Ses un mètre quatre-vingt-quatorze lui valent de nombreux surnoms, « double mètre », le « sot-en-hauteur ». Ceux qui ont connu Charles vers 1900 gardent le souvenir d'un garçon maigre au regard intrépide – d'autres disent insolent. Il est batailleur, autoritaire, et son caractère rigide fait dire à ses proches qu'« *il est tombé dans la glacière* » ; plus tard, Léon Blum le décrira comme « *tout d'une pièce* ». Il devient parisien à l'âge de 10 ans, fréquente le collège des Jésuites de la rue de Vaugirard, où son père est professeur de lettres. À l'adolescence, il lit beaucoup, apprécie Rostand, découvre Bergson, Barrès, Psichari et Péguy, écrit des vers médiocres et, surtout, croit à son étoile. Dès l'âge de 15 ans, il fait preuve d'une étonnante vision de son propre destin : il écrit dans une dissertation qu'à 40 ans, devenu « *le général de Gaulle* », il sauvera la France d'une invasion des armées allemandes.

Issu d'un milieu traditionnel, Charles de Gaulle est marqué dès l'enfance par le souvenir de la défaite de 1870. Très tôt, il veut jouer un rôle dans l'histoire de France.

Le militaire (1910-1930)

Charles de Gaulle est, avant tout, un militaire. Entre 1910 et 1940, il consacre en tout près de trente ans de sa vie à l'armée.

Les années d'apprentissage

Charles de Gaulle opte très tôt pour la carrière des armes ; c'est d'abord une sorte de compensation, car son père n'a pu mener à bien la carrière d'officier dont il rêvait. Mais ce n'est pas tout ; pour Charles, comme pour de nombreux jeunes gens de sa génération, le métier des armes et le sort de la France sont étroitement associés : depuis la défaite de 1870, l'Alsace et la Lorraine ont été annexées par l'Empire allemand, ce qui est perçu comme une mutilation. « *L'armée française était à l'époque l'une des plus grandes choses du monde* », écrira-t-il dans les *Mémoires de guerre*.

Saint-Cyr

Quand Charles est reçu à l'école militaire de Saint-Cyr, en 1909, il a 20 ans. Créée par Bonaparte, cette institution forme les officiers de l'armée de terre. Avant d'apprendre le métier, les élèves doivent connaître la troupe : voilà de Gaulle élève officier du 33e régiment d'infanterie d'Arras, commandé alors par le colonel Pétain, qui devient son protecteur.

Cet homme, plus tard héros de la guerre de 1914, est le modèle de Charles, qui le décrira dans les *Mémoires de guerre* comme « *un chef et un exemple* ». Après la Première Guerre mondiale, Pétain est le parrain de son fils Philippe, puis ils se brouillent.

> **Pétain (1856-1951)**
>
> Vainqueur de Verdun pendant la guerre de 1914-1918, le maréchal Pétain jouit d'un immense prestige, et est considéré comme un héros. Pourtant, au pouvoir à partir de 1940, il collabore avec l'Allemagne, et sera considéré comme un traître.

La guerre

De Gaulle attend son heure ; il ne doute pas, écrira-t-il dans les *Mémoires*

le rebelle   le fondateur   l'homme politique

de guerre, « *que la France dût traverser des épreuves gigantesques, que l'intérêt de la vie consistait à lui rendre, un jour, quelque service signalé, et que j'en aurai l'occasion* ». À la déclaration de la guerre, en 1914, le lieutenant de Gaulle rejoint les armées du Nord-Est. Il découvre les horreurs de la guerre : en août 1914, sa compagnie est aux avant-postes et fonce affronter l'ennemi. Les balles allemandes pleuvent, Charles échappe par miracle à la mort. Blessé trois fois à Douaumont, près de Verdun, il est fait prisonnier par les Allemands. Enfermé à la citadelle d'Ingolstadt, il tente de s'évader, mais est à chaque fois repris. Il passe ses deux années de captivité à lire et à étudier des ouvrages de stratégie militaire, et ne sera finalement libéré qu'à l'armistice, le 11 novembre 1918.

Les années 1920-1930 : le temps de la réflexion

La paix revenue, de Gaulle effectue différentes missions militaires à l'étranger, en Pologne et en Allemagne. Il est nommé professeur à Saint-Cyr, puis à l'École de guerre : sa haute stature, son ton péremptoire et la clarté de ses propos le font rapidement remarquer. Il évoque avec passion les guerres de jadis, insiste sur le rôle du chef militaire, dont le caractère et la clairvoyance permettent, seuls, de faire face aux circonstances imprévisibles de la guerre. Il publie un ouvrage, *La Discorde chez l'ennemi* (1924), dévoilant une conception de la guerre où priment l'empirisme, la mobilité d'esprit et l'intuition. Mais, déjà, il s'oppose à ses supérieurs, dont il ne partage pas les conceptions en matière de défense. En effet, ses idées concernant la protection du pays, les plans de bataille et la diplomatie mettent en avant des conceptions originales. De Gaulle ose proclamer qu'il ne suffit pas de se défendre par cet immense rempart qu'est la ligne Maginot : achevée en 1932, celle-ci est alors la pièce maîtresse du système militaire français.

Le mariage de Charles

En 1921, de Gaulle épouse Yvonne Vendroux, fille d'un fabricant de biscuits de Calais. Ce mariage arrangé s'avère une union harmonieuse, dont naîtront trois enfants : Philippe, Élisabeth et Anne.

De Gaulle choisit l'armée ; il veut secourir son pays dans un climat de « revanche ». Il fait la guerre de 1914, puis donne son avis sur la façon dont la France est défendue.

L'insurgé (1930-1940)

Le stratège qui dérange développe
des idées originales sur la guerre ;
il n'est pas entendu et décide lors de
la défaite de 1940 de continuer le combat.

Une certaine idée de la guerre

Dans les années 1930, de Gaulle développe ses idées,
à l'École de guerre de Paris puis au ministère
de la Défense nationale. À l'heure où l'armée française
est reconnue comme la première du monde, il fait
partie de ceux qui en dénoncent l'archaïsme. Il pense
qu'il faut à la France des divisions cuirassées composées
de chars et d'avions de bombarde-
ment pour livrer bataille à l'avant ;
pour lui, dresser des fortifications
à l'Est pour protéger les frontières
n'empêchera pas les Allemands d'envahir la France. De Gaulle croit que
les machines et les moteurs dominent
les temps modernes et qu'une armée
mécanisée, avec des chars et des avions
de bombardement pour percer
les défenses de l'ennemi, est nécessaire.

Les mots de l'Appel

*« Moi, général de Gaulle,
actuellement à Londres, j'invite
les officiers et les soldats français
[...] à se mettre en rapport
avec moi. Quoi qu'il arrive, la flamme
de la résistance française ne doit
pas s'éteindre et ne s'éteindra pas. »*

Tenter de faire connaître ses conceptions

Il publie deux livres, *Le Fil de l'épée* (1932) et *Vers l'armée
de métier* (1934), pour mettre en avant ses positions
sur la guerre de mouvement. Le temps presse, car,
dans les années 1930, des régimes totalitaires se sont
installés en Italie et en Allemagne ; Hitler, devenu
chancelier, impose la dictature du parti nazi et
ne cache pas sa volonté de prendre sa revanche sur
la défaite subie par l'Allemagne en 1918. L'Allemagne
réarme, mais les bruits de bottes qui se font entendre
outre-Rhin ne sont pas perçus en France, où l'opinion publique est farouchement attachée à la paix

le rebelle   le fondateur   l'homme
politique

à tout prix. De Gaulle subit des vexations à cause de ses vues originales ; il s'entête, quitte à être en désaccord avec tout le monde. Il demande audience aux hommes politiques, va même jusqu'à envoyer un mémoire à quatre-vingts personnalités civiles et militaires. Rien à faire, il n'est pas écouté. En 1940, les divisions allemandes, misant sur la force de pénétration de leurs unités blindées, contournent la ligne Maginot et s'emparent de la Belgique ; le 10 mai 1940, celle-ci est envahie et, quatre jours plus tard, les blindés allemands percent le front français. L'armée est en déroute et l'état-major français révèle sa totale incapacité à faire face, illustrant la justesse des vues stratégiques de de Gaulle.

En 1940, la guerre

Du 11 mai au 6 juin 1940, de Gaulle est placé à la tête d'une division cuirassée (4e DCR) et combat près d'Abbeville. Le 6 juin, il devient sous-secrétaire d'État à la Guerre et sort de la hiérarchie militaire.

Une certaine idée de la défaite

Les pouvoirs publics français, débordés, décident de demander l'armistice à l'Allemagne et, le 17 juin 1940, le maréchal Pétain demande aux Français de cesser le combat. Tout est fini, l'Allemagne nazie est victorieuse et il faut signer la paix avec elle. Malgré tout, de Gaulle veut continuer à lutter et gagne la Grande-Bretagne par avion ; personne ne lui a confié de mission, il agit seul. Rien n'est achevé tant qu'il reste quelque chose à tenter : ce rebelle est convaincu que la défaite n'est pas définitive et que le sort de la guerre se joue à l'échelle du monde entier. Il n'est alors que sous-secrétaire d'État à la Guerre du gouvernement Reynaud et général de brigade à titre temporaire depuis janvier 1940 : autant dire qu'il n'est pas une personnalité de premier plan. Il n'est pas connu du grand public, mais les Britanniques, et tout particulièrement Churchill, leur Premier ministre, apprécient sa détermination. Ils soutiennent ce réfugié, cet exilé. Le 18 juin 1940, au micro de la radio anglaise BBC, il lance le célèbre Appel qui invite les Français à refuser la défaite et à venir le rejoindre. Le message est clair : pour lui, la guerre ne fait que commencer.

Charles de Gaulle a bien souvent été « l'homme qui dit non » : non aux doctrines de l'état-major, non à l'armistice demandé à l'Allemagne.

Le chef de la Résistance (1940-1944)

De Gaulle fonde un mouvement politique clandestin qui gagne progressivement en importance.

Rassembler les Français libres

En 1940, de Gaulle, âgé de 49 ans, entre dans l'aventure. Lui, le soldat, désobéit à l'armée, au nom de l'honneur et d'une « *certaine idée de la France* ». Ce faisant, il se dresse face au maréchal Pétain, qui a demandé aux Français de cesser le combat : pour cela, il est condamné à mort par le gouvernement de Vichy, qui collabore avec l'Allemagne nazie. Les obstacles à son combat sont multiples ; d'abord, les Français qui viennent le rejoindre sont peu nombreux, et le matériel récupéré bien hétéroclite. Ensuite, à l'intérieur même de la Résistance, son autorité est contestée. Enfin, quand les États-Unis d'Amérique entrent en guerre contre Hitler, de Gaulle se heurte à la méfiance du président américain Roosevelt, qui voit surtout en lui un général ambitieux. Il faut dire que de Gaulle, bien qu'appuyé par Churchill, n'entretient pas des rapports faciles avec les Alliés : son intransigeance pour faire respecter la souveraineté française, sa volonté de ne pas se laisser réduire à un rôle d'appoint sont souvent mal comprises.

La libération de Paris

En août 1944, de Gaulle prononce ces mots célèbres : « *Paris ! Paris outragé ! Paris martyrisé ! [...] Libéré par lui-même, libéré par son peuple avec le concours des armées de la France.* »

L'Afrique

Le chef de la France libre (qui devient en 1942 la France combattante) surmonte les difficultés, sa troupe s'étoffe, s'organise. Plusieurs colonies se rallient à lui (le Cameroun, l'Afrique équatoriale, la Syrie, le Liban, Madagascar, Djibouti…). Bien que peu nombreuses, les Forces françaises libres peuvent être engagées dans des combats aux côtés des Britanniques. Elles luttent dans les sables d'Afrique contre les Allemands, leur tiennent tête à Bir Hakeim : ainsi, les Français ne sont pas absents des champs de bataille.

le rebelle   le fondateur   l'homme politique

La Résistance

Sur le sol français, malgré l'occupation allemande et la répression, la Résistance se constitue. Celle-ci n'est pas un mouvement homogène, et rassemble des gens venus de tous les horizons. Sa figure la plus belle et la plus touchante est celle de ces anonymes qui se sont mobilisés pour fabriquer, imprimer, distribuer tracts et journaux, pour cacher des résistants, des juifs et des maquisards, pour saboter des voies ferrées, pour organiser des attentats. D'abord isolés, les différents réseaux parviennent à s'entendre : en 1943 est créé le Conseil national de la Résistance sous l'impulsion de Jean Moulin, dont de Gaulle a fait son représentant. Son programme affirme la permanence de la République, rappelle les valeurs de la démocratie et entend promouvoir des réformes politiques et sociales dès la libération.

> **Jean Moulin (1899-1943)**
> Ce résistant de la première heure est chargé de faire l'unité entre les différents mouvements de résistance et de les rallier à la France libre. Il réussit, mais, dénoncé, il est pris par la Gestapo à Caluire et torturé à mort en juin 1943.

La Libération

Au moment de la bataille de Normandie, en juin 1944, la Résistance est prête pour déclencher l'insurrection armée et participer dans une modeste mesure à la libération de la France. Les ondes de la BBC portent un message qu'attendent depuis longtemps les Français engagés dans la Résistance : « *Les sanglots longs des violons de l'automne…* » ; ce vers de Verlaine annonce le débarquement. Les Anglo-Américains débarquent en Normandie le 6 juin 1944 et libèrent la France. De Gaulle retourne enfin à Paris le 25 août : il est porté en triomphe par une population qui découvre son visage. Grâce à l'action de de Gaulle et de la Résistance, la France ne figure pas dans le groupe des pays vaincus à la fin de la guerre. Mais le pays est exsangue et le Gouvernement provisoire dont le Général prend la tête a une tâche immense de reconstruction à accomplir.

> La Résistance, fondée ex nihilo par le discours d'un militaire inconnu en 1940, gagne progressivement en force et sauve l'honneur.

À la tête du Gouvernement provisoire (1944-1946)

En 1944, de Gaulle a gagné, mais la France est ruinée ; après une période de réformes, les frictions se multiplient entre les états-majors des grands partis et le Général.

L'international : un bilan mitigé

La France réussit à faire entendre sa voix après la guerre ; elle fait partie des « grands » et dispose d'un siège permanent au Conseil de sécurité, organe essentiel de l'ONU*. Mais, malgré les efforts du Général, elle n'occupe pas le « rang » auquel il pense qu'elle a droit et ne participe pas aux grandes négociations de 1945 où les vainqueurs décident de l'avenir de l'Allemagne et, au-delà, de l'Europe dans son ensemble. Lors des conférences de Yalta et de Potsdam, Américains, Britanniques et Soviétiques partagent le monde en deux blocs : l'Ouest capitaliste et l'Est communiste.

Un pays divisé et appauvri

Les Français, divisés entre collaborateurs et résistants, mettront longtemps à regarder en face la période de Vichy, l'une des plus sombres de leur histoire. Aussi, à la Libération, tout le monde se réclame du libérateur : de Gaulle est là pour rassembler. S'il y arrive sans peine, c'est aussi que les préoccupations matérielles occupent le devant de la scène, car la France, au sortir de la guerre, est au bord de la ruine. Le potentiel industriel est réduit de moitié par rapport à 1939, la monnaie est totalement dépréciée, les moyens de transport inexistants. Partout il faut reconstruire des logements, des ponts, des voies ferrées.

Les changements de l'après-guerre

Dans de nombreux pays européens, de profondes réformes politiques (retour à la démocratie), économiques (nationalisations), sociales (couverture des risques sociaux) sont réalisées.

le rebelle   le fondateur   l'homme politique

1944-1946 : la place centrale de l'État dans la reconstruction

De Gaulle, nommé à la tête du Gouvernement provisoire de la République française, met en œuvre le programme du Conseil national de la Résistance, qui entend évincer de la direction de l'économie les groupes privés, qui ne sont rien d'autre à ses yeux que de « grandes féodalités ». Il instaure le Plan* et met en place des nationalisations*. Air France, la marine marchande, Renault, les banques, les Charbonnages de France, l'électricité passent dans l'après-guerre entre les mains de l'État. C'est dans ce contexte de prééminence de l'intervention publique que démarre une forte expansion économique qui se poursuivra jusque dans les années 1970. Mais de Gaulle entend aussi réformer la vie politique et sociale du pays : le droit de vote est accordé aux femmes en 1945, le bénéfice de la Sécurité sociale est élargi à tous les salariés et les comités d'entreprise sont créés.

La vie politique renaît

Le 21 octobre 1945, les Français sont conviés à une double consultation électorale : par référendum, ils décident à une écrasante majorité de se donner de nouvelles institutions et élisent leurs députés. La démocratie est de retour. Un nouveau paysage politique se met en place, celui du « tripartisme », organisé autour des trois partis les plus importants que sont le Parti communiste français (PCF), les socialistes (SFIO) et le Mouvement républicain populaire (MRP). Les députés élisent le 13 novembre 1945 de Gaulle à la tête d'un gouvernement qui cesse dès lors d'être provisoire. Mais les frictions se multiplient : le Général reproche aux partis de défendre des intérêts particuliers et désapprouve le régime de la IVe République, qui s'apprête à remettre l'essentiel du pouvoir aux députés. Là encore, de Gaulle est l'homme du non, et il quitte le pouvoir. Le 20 janvier 1946, revêtu de l'uniforme de général, qu'il aime porter dans les occasions solennelles, il annonce aux députés qu'il s'en va.

La démission en 1946

« *Le régime exclusif des partis a reparu. Je le réprouve.* [...] *Il me faut donc me retirer* », dit de Gaulle, qui claque la porte. Ici comme dans d'autres contextes, il est seul contre tous, mais il est certain d'avoir raison.

L'après-guerre est difficile : après une période de reconstruction et de réformes, la IVe République se met en place ; de Gaulle démissionne.

Celui qui fait la paix en Algérie (1958-1962)

De retour au pouvoir après une absence de douze années, de Gaulle décolonise une Algérie déchirée par une guerre sanglante.

La « traversée du désert »

De Gaulle démissionne de ses fonctions en 1946, mais pense à ce moment-là être rapidement rappelé au pouvoir. Il restera douze ans loin des affaires de l'État. Le Général se retire dans sa maison de Colombey-les-Deux-Églises, garde de multiples contacts, crée un éphémère parti politique, rédige ses mémoires et attend son heure.

La question algérienne

Pendant ce temps, l'Histoire suit son cours. L'après-guerre donne le coup d'envoi de la décolonisation. La Syrie, le Liban volent de leurs propres ailes depuis 1945 ; l'Indochine, la Tunisie et le Maroc deviennent indépendants dans les années 1950. En Algérie, les choses se présentent mal ; les troubles commencent en 1954. Partagé en trois départements, le pays compte à cette date huit millions de Musulmans et un million d'Européens (les « pieds-noirs »). Face au Front de libération nationale (FLN), qui réclame l'indépendance, les Français d'Algérie défendent l'« Algérie française ». Les intérêts sont antagonistes, la tension monte, on craint une dissidence de l'armée. En mai 1958, à Paris, les politiques et les parlementaires se sentent impuissants à résoudre les problèmes qui assaillent le pays : il n'y a plus de gouvernement, il a démissionné, victime de la vingt-deuxième crise

le rebelle   le fondateur   l'homme politique

depuis les débuts de la IVe République. Celle-ci va-t-elle succomber ? Face aux risques de guerre civile, le général de Gaulle apparaît comme le seul recours. « Le plus illustre des Français », rappelé au pouvoir par le président de la République René Coty (1954-1958), forme un gouvernement le 1er juin 1958.

Vers l'Algérie algérienne

De Gaulle cultive dans un premier temps l'ambiguïté ; il sait qu'il ne faut ni effrayer Paris ni condamner Alger. Et puis, lui-même sait-il vraiment ce qu'il faut faire pour régler cette crise ? Il hésite, réfléchit, puis prend sa décision : c'est aux Algériens de choisir leur avenir. Il propose alors aux chefs de la rébellion algérienne de négocier. Pour les Français d'Algérie, favorables au maintien de l'Algérie dans le giron français, de Gaulle devient un ennemi. Le 22 avril 1961, à Alger, des généraux et plusieurs régiments français se rebellent ; c'est la confusion, de Gaulle apparaît à la télévision le 23 avril et dénonce le « *quarteron de généraux en retraite* » qui sont à l'origine du putsch. Très théâtral, il lance : « *Françaises, Français ! aidez-moi !* » Son appel est entendu, les soldats refusent de suivre les insurgés, le pouvoir tient bon, la rébellion s'effondre. De Gaulle a gagné, mais il manquera y laisser sa vie, car certains ne lui pardonneront jamais ce qui est perçu comme un abandon : il échappe à deux tentatives d'assassinat en 1961 et 1962.

La solution politique et le bilan

De véritables pourparlers franco-algériens s'engagent. L'indépendance de l'Algérie est approuvée par le référendum du 8 avril 1962, tant en Algérie qu'en métropole. Après la ratification des accords d'Évian, l'indépendance de l'Algérie est proclamée le 3 juillet 1962. Le bilan du conflit est lourd : cette guerre cruelle aurait fait au moins trente mille victimes du côté français et dix à vingt fois plus du côté algérien. Par ailleurs, près d'un million de « pieds-noirs » deviennent indésirables en Algérie et doivent regagner la France.

De Gaulle décrit un maître : lui-même

« *Il faut qu'un maître apparaisse. [...] Homme assez fort pour s'imposer, assez habile pour séduire, assez grand pour une grande œuvre* », anticipe de Gaulle en 1934, dans Vers l'armée de métier.

De Gaulle a quitté le pouvoir en 1946, mais il est rappelé en 1958 ; il règle la crise algérienne, véritable tragédie qui menace les institutions françaises.

Le législateur (1958-1962)

En 1958, de Gaulle revient au pouvoir pour donner une nouvelle République à la France ; il en façonne les contours à sa mesure.

Entreprendre une réforme de l'État

Quand Charles de Gaulle forme son gouvernement, le 1er juin 1958, il est décidé à modifier en profondeur les institutions. À ses yeux, c'est une question primordiale, bien plus que la question algérienne : témoin de l'effondrement de la IIIe République en 1940, de Gaulle en demeure marqué. Il s'agit donc avant tout de réformer un État qui, pense-t-il, n'a pas su éviter le désastre. Ayant obtenu les pleins pouvoirs pour une durée de six mois, il profite de cette période pour asseoir son autorité et préparer l'avènement d'une nouvelle République. Un projet est rédigé par une commission animée par le ministre de la Justice Michel Debré (1912-1996) : il est élaboré selon les directives du Général, qui les avait déjà exprimées dans le cadre d'un important discours prononcé à Bayeux le 16 juin 1946. Le Général, qui n'est pourtant pas juriste, sait ce qu'il veut et parvient à ses fins. Le projet de Constitution mis en place dans le courant de cette année troublée qu'est 1958 deviendra le texte régissant le fonctionnement des institutions et la vie politique. Ce véritable pacte entre les gouvernés et les gouvernants est présenté aux Français, consultés par le référendum du 28 septembre 1958. Le oui l'emporte massivement – mais, en fait, les électeurs plébiscitent de Gaulle. La Ve République est née. Fin décembre, de Gaulle est élu président de la République par un collège de notables.

De Gaulle, le Moïse français

Il est celui qui donne les Tables de la Loi aux Français. On a pu à bon droit le comparer à Moïse, qui donne les dix commandements à son peuple. Y a-t-il un lien mystique qui l'unit aux Français ?

---

le rebelle | **le fondateur** | l'homme politique

Le contenu : renforcer le pouvoir exécutif au détriment des élus du peuple

Le texte voulu par de Gaulle fait rupture par rapport aux régimes de la IIIᵉ (1875-1940) et de la IVᵉ République (1946-1958), car il renforce considérablement le pouvoir exécutif, et ce au détriment du Parlement, qui, auparavant, était tout-puissant. La première place appartient désormais au président de la République, véritable clé de voûte des institutions : il peut dissoudre l'Assemblée et provoquer de nouvelles élections. C'est lui qui nomme le Premier ministre et préside les réunions du Conseil des ministres ; il peut consulter directement les électeurs par voie de référendum. Garant de l'indépendance nationale, il assure la continuité de l'État. Dans des circonstances exceptionnelles, il peut même disposer des pleins pouvoirs pour une durée limitée. Son rôle sera encore consolidé quand il sera élu au suffrage universel direct, et ce à partir de la réforme constitutionnelle de 1962 voulue par de Gaulle (et approuvée, elle aussi, par référendum par les Français). Les deux idées-forces du nouveau texte sont donc celles-ci : la séparation et l'équilibre des pouvoirs, mais un équilibre qui joue en faveur de l'exécutif.

Un régime gaullien

Dans toute Constitution, il y a les textes et il y a leur interprétation. Si la Constitution de 1958 accorde un rôle majeur au chef de l'État, l'interprétation qu'en impose de Gaulle pendant toute la durée de sa présence à la tête de l'État souligne encore l'importance de la fonction présidentielle. Certains ont même pu parler de « pouvoir personnel ». Le texte aurait-il été taillé à sa mesure ? Oui, mais, robuste, il a également convenu aux hommes qui ont succédé au Général. En dépit d'une certaine rigidité, il a su s'adapter aux changements politiques et assurer la continuité en temps de crise.

Deux gaullismes ?

Si le « gaullisme politique » se réclame du « gaullisme de guerre », le de Gaulle qui s'installe au pouvoir en 1958 pour y rester jusqu'en 1969 est bien différent du rebelle des années de guerre. Néanmoins, le premier s'articule avec le second.

De Gaulle accepte de revenir au pouvoir pour réformer le régime : il veut doter la France d'un gouvernement stable procédant d'un chef d'État incarnant l'intérêt général.

La Constitution de la Ve République

En place depuis 1958, ce texte, qui se caractérise par sa longévité et par la faveur dont il jouit auprès des Français, est pourtant critiqué.

Une histoire constitutionnelle mouvementée

S'appliquant à une nation, le mot de Constitution désigne l'ensemble de ses institutions politiques. Depuis la Révolution française, la France en a connu un grand nombre, à tel point qu'on peut parler de « valse des Constitutions ». Mais de Gaulle, le « grand homme », qui occupe la place du père fondateur de nos institutions, est venu pour donner aux Français un texte qui semble les satisfaire. Des sondages le montrent, cette sorte de « république monarchique » ou de « monarchie républicaine » où le chef de l'État, doté de pouvoirs importants, est l'élu personnel du suffrage universel, se voit aujourd'hui approuvée par l'ensemble des citoyens. Cette forme originale de « *patriotisme constitutionnel* », comme l'écrit le philosophe Jürgen Habermas (né en 1929), peut-elle contribuer à souder la culture politique française ?

Les principaux articles de la Constitution de 1958

Certains articles de Constitutions sont particulièrement importants, et permettent de mieux comprendre la vie et l'actualité politiques. Du président de la République procède le gouvernement, et il nomme le Premier ministre (article 8) ; il préside le Conseil des ministres (article 9). Il a le pouvoir de dissoudre l'Assemblée nationale (article 12), de soumettre certains projets au référendum (article 11). Il assure par son arbitrage le fonctionnement

le rebelle   le fondateur   l'homme politique

régulier des pouvoirs publics, ainsi que la continuité de l'État (article 5) ; il est le chef des armées (article 15). Dans le cas d'une crise nationale, il peut prendre les mesures d'exception exigées par les circonstances (article 16). Le gouvernement détermine et conduit la politique de la nation (article 20), et il est responsable devant le Parlement, composé de l'Assemblée nationale et du Sénat (article 20) ; il peut engager sa responsabilité devant celui-ci sur l'adoption d'un texte (article 49-3). Le Conseil constitutionnel, garant de la constitutionnalité des lois (articles 56 à 63), est créé.

La remise en question

La philosophie du texte pose que le rôle du Président et du Premier ministre doivent être bien distincts. Mais, depuis une vingtaine d'années, les faits sont venus la contrecarrer. Car il y a eu trois périodes de cohabitation entre un Président et un Premier ministre de couleurs politiques différentes qui ont induit une rivalité entre les deux fonctions. Dans ce cas de figure, le partage des prérogatives est difficile, ce qui limite le pouvoir de l'exécutif tel que de Gaulle le concevait. Aussi, pour limiter le risque de cohabitation, la révision constitutionnelle du 2 octobre 2000 réduit-elle à cinq ans la durée du mandat présidentiel. Mais toute éventualité de cohabitation n'est pas écartée. La clarification de nos institutions impliquerait des changements d'ampleur. Deux voies sont possibles : le renforcement du caractère présidentiel du régime, qui se situe dans une logique gaullienne, ou le choix d'une pratique plus strictement parlementaire. Favorable à cette dernière option, un mouvement emmené par le socialiste Arnaud Montebourg milite aujourd'hui pour l'instauration d'une VIe République plus démocratique, donnant davantage de pouvoir au Parlement tout en évitant cependant l'instabilité gouvernementale de la IIIe et de la IVe République.

La responsabilité limitée du chef de l'État : un débat d'actualité

Dans la Constitution, le statut pénal du président de la République prévoit que, pendant la durée de son mandat, il bénéficie d'un régime de protection quasi absolue (article 68).

Le texte voulu par de Gaulle a donné à la France des institutions stables, mais elles sont fragilisées par la cohabitation, qui affaiblit l'exécutif.

L'homme d'ordre (1958-1969)

**De Gaulle n'aime ni le désordre
ni les querelles ; conservateur, il souhaite
que l'ordre règne.**

Un pouvoir fort

De Gaulle est convaincu que la nation a besoin
d'un régime où le pouvoir soit « fort et continu ».
À la tête de l'État, il n'a de cesse de lutter contre
un peuple divisé, éparpillé en chapelles et en clans.
Rassembler les Français est son maître mot ; les bases
du renouveau national, pour lui, c'est une société
unie dégagée de la lutte des classes, placée sous
la houlette d'un pouvoir juste et fort. En conséquence, il se méfie des partis politiques et des parti-
cularismes, qui ne sont à ses yeux que des ferments de
discorde. Sa conception très personnelle du pouvoir
est critiquée, notamment par des hommes politiques
comme François Mitterrand et Pierre Mendès
France, qui redoutent une éventuelle dictature.

Une chape de plomb

Son rêve est d'imposer, au nom de l'intérêt général,
une loi à tous les Français – cette loi, c'est la sienne.
Bien sûr, les grandes libertés ne sont pas remises
en cause dans leur principe. Mais le Général tient
la France bien en main, et cela inquiète les esprits
soucieux de liberté et de justice : mainmise des gaullistes sur la radio et la télévision, saisies de journaux,
écoutes téléphoniques, prolifération des polices
parallèles (« barbouzes »), maintien en vigueur
de l'article 16 (qui lui donne les pleins pouvoirs)
plusieurs mois après l'échec du putsch des généraux,
créations abusives de juridictions d'exception.
De plus, l'ordre va parfois de pair avec la répression.
La brutalité des exactions policières à la station
de métro Charonne, lors de la manifestation anti-
OAS (Organisation de l'armée secrète, favorable

Le philosophe
Roland Barthes
brocarde
de Gaulle

« *Le Pouvoir
est officiellement
sacralisé, remis
par la collectivité
entre les mains
d'un Être d'essence
différente, désigné
par Dieu.* »
(« Sur le régime du
général de Gaulle »,
article de 1959,
in *Œuvres complètes*,
t. I, 1993)

le rebelle   **le fondateur**   l'homme
politique

à l'Algérie française) du 8 février le montre. On compte 8 morts et de nombreux blessés, et les policiers responsables n'ont jamais été recherchés.

Des pratiques politiques discutables

En août 1962, l'attentat du Petit-Clamart recrée dans un climat d'émotion l'état d'alerte maintenu pendant la guerre d'Algérie. Le général de Gaulle exploite cette tension et, désireux de faire élire le chef de l'État au suffrage universel, recourt au référendum avant tout vote des Chambres. Par là, il court-circuite l'avis des élus du peuple. Le Conseil d'État et le Conseil constitutionnel déclarent ce procédé inconstitutionnel : il n'en a cure. Une crise ministérielle s'ouvre, mais le texte est finalement approuvé par les Français.

Les intellectuels sont les premiers à s'opposer

Si de Gaulle compte parmi ses proches des créateurs prestigieux comme André Malraux (1901-1976), une grande partie des intellectuels ne lui est pas favorable. Certains l'ont d'abord soutenu, tel Raymond Aron (1905-1983), mais se sont éloignés, désapprouvant la politique étrangère et la personnalisation du régime. Beaucoup, affichant une sensibilité de gauche, ont montré leur opposition à la guerre d'Algérie et aux pratiques de l'armée contre les indépendantistes du FLN. Le philosophe Jean-Paul Sartre (1905-1980) et l'écrivain Simone de Beauvoir (1908-1986) sont de ceux-là. À l'automne 1960, intellectuels et artistes signent le manifeste des 121 contre la guerre, la torture, mais aussi la censure. Quelques années plus tard, la crise de mai 1968 sera l'expression et l'aboutissement d'un malaise multiforme, celui de l'intelligentsia, de la jeunesse, mais aussi d'un certain nombre de Français étouffés par le poids et par la stature du Général.

François Mitterrand s'oppose

Mitterrand publie en 1964 *Le Coup d'État permanent*, violent pamphlet contre de Gaulle, qui fustige la Constitution de la Vᵉ République. Devenu président, il s'y ralliera sans états d'âme.

En France, l'ordre règne, car de Gaulle sait mieux que les Français ce qu'il leur faut ; les intellectuels font de la résistance.

La modernisation du pays (1958-1969)

Le progrès est une des préoccupations majeures du Général, qui pense qu'« *il faut vivre avec son temps* ».

Une politique monétaire et financière décidée

Le général de Gaulle élabore dès son retour au pouvoir, en 1958, un plan* économique pour donner à la France les moyens de reprendre sa place en Europe et dans le monde. Ce programme lutte contre l'inflation, favorise les échanges avec l'extérieur et instaure un nouveau franc, solide et convertible. Antoine Pinay (1891-1994) met en œuvre cette politique de rétablissement des équilibres financiers, qui s'avère un succès.

L'industrie dans les années 1960 : coopération, indépendance et prestige

Le traité de Rome de 1957, créant la Communauté économique européenne, est le coup d'envoi de l'Europe* ; le général de Gaulle décide de l'appliquer. Un ensemble de mesures est pris concernant l'union douanière et l'harmonisation des politiques économiques. Les échanges se développent et la concurrence se fait plus vive. Pour renforcer les structures industrielles, les pouvoirs publics incitent les grands groupes à fusionner, notamment dans la chimie, l'aéronautique et l'agroalimentaire. Dans un souci d'indépendance nationale, le pouvoir gaullien encourage le développement de la production d'électricité d'origine nucléaire*. Le Centre national d'études spatiales (CNES*) est créé, qui donne à la France les moyens de devenir une puissance spatiale. Plutôt que de mettre l'accent sur le profit,

le rebelle | le fondateur | l'homme politique

des réalisations de prestige, pas toujours rentables, mettent en valeur les prouesses de la technologie française : l'avion Concorde et le plan calcul*, entre autres.

Des préoccupations sociales

De Gaulle est favorable au capitalisme, mais il pense qu'il revient à l'État d'en atténuer les effets. Il est un homme de droite et, s'il n'envisage pas de collectiviser l'économie, il croit qu'il faut encadrer la redistribution des richesses. La volonté gaullienne d'associer les travailleurs à l'entreprise se traduit par les lois sur la participation des salariés aux bénéfices des entreprises (1959 et 1965), qui seront finalement un semi-échec.

Un bilan positif

Pendant la Ve République, la France a connu une des plus importantes évolutions économiques et sociales de son histoire. Elle est passée d'une société à dominante rurale à une société urbaine, abandonnant le protectionnisme pour la concurrence, la stagnation pour la croissance. C'est des années 1960 que l'on peut dater le début de l'essor économique du pays et son entrée dans l'âge industriel. Le pouvoir politique n'est certes pas le seul responsable de cette évolution, car plusieurs autres pays européens, bénéficiant de la vague de croissance des « trente glorieuses » qui ont suivi la guerre, deviennent également de grandes nations industrielles. Mais les pouvoirs publics ont voulu pleinement cette modernisation, mettant à son service des techniques dirigistes (plan de développement, politique d'aménagement du territoire), mais aussi des procédés libéraux ou classiques préconisés par les économistes Rueff (1896-1978) et Pinay (rigueur financière, orthodoxie monétaire, équilibre budgétaire). Quels qu'en soient les moyens, il est clair que la croissance ou la puissance économique ne sont pas des objectifs en soi pour de Gaulle, mais plutôt des moyens au service d'une seule idée : la grandeur de la France.

Le jeu des partis

Si de Gaulle fonde une organisation politique en 1947, il se défie des partis, et fera tout pour limiter leur influence.

Le charisme

C'est un certain type de communication entre un homme d'exception et ses partisans ; certains leaders ou dirigeants, comme Bonaparte, ont ce don – pour le meilleur ou, parfois, pour le pire, montrant que le charisme peut être dangereux.

Le Rassemblement du peuple français (RPF)

Le RPF est créé en 1947, un an après le départ volontaire du pouvoir du Général. Il s'agit d'un vaste mouvement qui refuse l'appellation de parti et dont les objectifs sont d'une part de faire revenir au pouvoir l'homme du 18 juin, d'autre part de s'opposer à la IVe République. Discours, meetings, conférences de presse : fort de cette tribune, de Gaulle critique les institutions et le jeu des partis. La nouvelle formation obtient d'abord de bons résultats électoraux aux municipales, puis se trouve marginalisée et est mise en sommeil en 1954. Pourtant, cette expérience n'aura pas été inutile : le RPF forme des cadres, rassemble des bonnes volontés et influe sur l'opinion.

En 1947, de Gaulle lance son propre mouvement, le RPF, qui s'oppose à la IVe République.

La lutte contre l'influence des partis

De Gaulle pense que les partis sont l'une des causes de l'instabilité ministérielle qui caractérise cette IVe République qu'il combat. Ils sont un mal nécessaire qu'il faut tolérer parce qu'on se trouve en démocratie, mais qu'il convient de cantonner dans un rôle mineur. Il y a, indiscutablement, un germe d'intolérance dans cette vision gaullienne, mais le Général n'était pas un dictateur. Il admet donc le pluralisme, mais avec circonspection : aussi la Constitution de 1958 réforme-t-elle le mode de

le rebelle | le fondateur | **l'homme politique**

scrutin en instaurant le scrutin majoritaire à deux tours. Cela a pour effet d'éliminer les petites formations et de Gaulle, qui a pour objectif de rassembler les Français, est satisfait. Le paradoxe, c'est que celui qui prétend unir les Français par-delà leurs querelles se trouve constamment contesté par une partie de l'opinion et, par là, devient pour les Français une nouvelle source de division !

L'apparition du couple majorité-opposition

C'est autour du projet de révision constitutionnelle visant à élire le président de la République au suffrage universel qu'émerge en 1962 la vie politique telle que nous la connaissons aujourd'hui. Les candidats de ceux qui constituent alors la « majorité » s'opposent aux candidats socialistes et communistes : la dualité droite-gauche se cristallise. Il est vrai que le Général a désormais besoin d'une majorité cohérente pour soutenir son œuvre, et de l'appui d'un groupe de parlementaires ; la gaulliste Union pour la nouvelle République (UNR) remplit cet office. Mais, du même coup, le Général ternit l'image de l'arbitre national situé au-dessus des divisions qu'il a voulu donner au début de son « règne ».

Le nouveau jeu électoral : l'élection présidentielle de 1965

L'élection du président de la République de 1965 montre que le charisme du Général s'effrite. De Gaulle dramatise l'événement, selon son habitude. Il demande l'adhésion franche et massive des Français, faute de quoi il ne restera pas en fonction, ce que l'opinion traduit par la formule percutante : « *Moi ou le chaos !* » Mais, au fond, il est sûr que les Français renoueront le pacte légitime qui l'unit à la nation. François Mitterrand, candidat soutenu par tous les partis de gauche, réussit contre toute attente à mettre en difficulté le Général au premier tour. Ce dernier est finalement réélu, mais il ne s'attendait pas à rencontrer un adversaire et une opposition aussi coriaces. C'est la fin d'une époque, celle d'une nation rassemblée autour d'un homme.

Pierre Viansson-Ponté sur l'élection de 1965

« *De Gaulle n'est plus, il ne sera jamais plus le même.* [...] *Il s'est désacralisé, ramené du plan de la mystique à celui de la politique.* » (*Histoire de la République gaullienne,* 1970)

Dans les années 1960, le monarque républicain au pouvoir charismatique fait place au leader d'une majorité élue démocratiquement par le peuple : la politique reprend ses droits.

Le goût du contact direct

De Gaulle recherche, par-delà les partis et les notables élus, un rapport sans médiation avec la population.

Les « bains de foule »

C'est à Brazzaville, en 1940, que de Gaulle connaît le premier vertige des bains de foule : la foule en délire l'acclame et chante *La Marseillaise*. Mais c'est quand Paris est libéré, en août 1944, qu'il triomphe. Le 26, de Gaulle, entouré des chefs de la Résistance intérieure et des principaux officiers de la France libre, descend lentement l'avenue des Champs-Élysées ; les images en sont célèbres. Les Parisiens le portent en triomphe, le Général exulte : à ce moment, la France libre devient la France. Plus tard, au cours de ses nombreux voyages, il montre sa célèbre silhouette, les bras dressés en forme de V ; il va à la rencontre des gens, serre des mains, se mêle à la population. Sa stature physique impressionnante, doublée de ses talents de tribun, contribuent à étoffer son grand charisme.

Les référendums

La Constitution de 1958 prévoit que le chef de l'État peut consulter directement les électeurs par voie de référendum. Le Général a recours à ce dispositif pour faire approuver sa politique par les Français : ceux-ci donneront notamment leur accord aux nouvelles institutions et à l'indépendance de l'Algérie. Cette pratique a été dénoncée par ses adversaires politiques comme une forme de plébiscite peu conforme à la tradition républicaine, puisqu'elle instaure un lien direct entre le chef de l'État et les électeurs en marginalisant les représentants du peuple. Mais c'est que le Général se fait une double idée de sa légitimité. L'une est historique : depuis le 18 juin, il a le sentiment d'incarner la nation dans son unité. L'autre est démocratique : ce contrat qui le lie aux Français, ceux-ci ont le droit de le déchirer à chaque référendum. C'est du reste à la suite d'un référendum qu'il démissionne : le 27 avril 1969,

le rebelle   le fondateur   l'homme politique

il demande aux électeurs de se prononcer sur la décentralisation et la réforme du Sénat. Les non l'emportent, le général de Gaulle met fin immédiatement à ses fonctions de président de la République. Le référendum, partie prenante de sa conception très particulière du pouvoir, a peu servi depuis le départ du pouvoir du Général.

Au Canada, en 1967, de Gaulle lance à la foule : *« Vive le Québec libre ! »*

Les rendez-vous avec les populations étrangères

Quand de Gaulle se rend en Amérique, en Asie, en Afrique, le peuple vient à sa rencontre. Il faut dire que la politique extérieure de la Ve République est, d'un bout à l'autre, l'œuvre personnelle du Général. Si on a pu dire qu'il « personnalise » le pouvoir, il « personnalise » aussi les rapports de la France avec les autres pays ; en fait, quand il va vers les autres peuples, il personnifie véritablement la France. Au Mexique, en 1964, il lance aux 300 000 personnes qui l'accueillent avec enthousiasme : « *Marchemos la mano en la mano !* » (Marchons la main dans la main). Au Cambodge, au stade de Phnom Penh, en 1966, il critique la politique américaine dans un discours qui fait scandale. L'année suivante, il se rend au Québec, province francophone du Canada, où, porté par une véritable marée humaine, il s'écrie : « *Vive le Québec libre !* » De Gaulle va-t-il trop loin ? Cet incident est jugé inacceptable par le Canada, et en France des critiques s'élèvent dans les rangs de la majorité qui le soutient ; de même est contestée sa condamnation d'Israël lors de la guerre de 1967. Comme il est difficile de parler au nom d'une nation tout entière !

En France comme à l'étranger, de Gaulle recherche à instaurer un lien direct avec les électeurs, la foule, les gens.

Un homme de médias

De la radio à la télévision, de Gaulle a su utiliser les médias pour s'adresser aux Français et faire prévaloir ses vues.

La mythologie du Général

Le général de Gaulle est entré dans la légende avec un micro à la main. C'est une pièce importante du dispositif gaullien, dont la mise en place exige des images fortes.

En 1940, il communique par la voix

Le 18 juin 1940, de Gaulle a compris que la radio était l'instrument qu'il lui fallait pour communiquer avec les Français. À Londres, où Churchill lui a donné un micro à la BBC, il parle, tous les jours, au nom de la France. Le Général n'existe que par la parole ; dès ce moment, il est clair que pour lui le verbe est au commencement. Il sent que l'impact de ses phrases n'est pas lié au nombre d'auditeurs qui les reçoivent, mais à leur poids symbolique. C'est par la radio britannique que les Français apprennent les réalités de la guerre dans une France occupée où règne la censure. La guerre des mots amplifie, de façon formidable, la résistance française. Et c'est à ce moment-là que le « général du verbe » qu'est de Gaulle devient véritablement un héros.

Le 23 avril 1961, une famille regarde la télévision pendant le discours du général de Gaulle concernant le putsch d'Alger.

À la télévision, il invente la politique spectacle

La télévision, dix-huit ans plus tard, joue un rôle presque aussi grand que la radio. De Gaulle apparaît pour la première fois sur le petit écran en 1958 : très vite, il trouve son style et excelle à cet exercice. Sur cet espace de théâtre, il peut s'épanouir : il s'adresse aux citoyens pour indiquer ses choix et tenter de les convaincre. Il inaugure les formes modernes de la communication politique : entretiens avec les journalistes, discours, allocutions, conférences de presse retransmises en direct, tout lui

le rebelle | le fondateur | l'homme politique

est bon. En cas de péril, la télévision est un outil indispensable et, lors du putsch d'Alger mené par des généraux, en 1961, c'est en grand uniforme qu'il y apparaît, ordonnant à l'armée de rétablir l'ordre. Jusqu'en 1965, le général de Gaulle détient un véritable monopole des allocutions télévisées.

L'image reine

De Gaulle a compris une chose : la montée du règne de l'image. Car les Français sont de plus en plus nombreux à posséder une télévision : en 1946, seuls deux cent cinquante récepteurs sont installés ; ils sont un million en 1958, dix fois plus en 1968. Les Français reçoivent, en 1963, les images de l'attentat qui coûte la vie au président américain Kennedy ; ils voient en direct, en 1969, le premier homme marcher sur la Lune. Pendant les années 1960, l'image se glisse partout et acquiert un statut de premier plan : un cinéma français en plein renouveau impose les cinéastes de la « nouvelle vague » ; l'actrice Brigitte Bardot, icône de la femme, triomphe ; la publicité prend son essor. Photos, affiches, dessins, graphismes divers se multiplient. On en voit l'apothéose en mai 1968 lorsque des milliers d'affiches et de graffitis viennent clamer que « *les murs ont la parole* ».

Une vedette

Pendant ces années, de Gaulle s'affirme en maître de l'image. Chaque intervention du Général est un événement. Expressions, mimiques, parler familier, goguenard, paternel, tout concourt à faire de ce personnage flamboyant et baroque un acteur de premier plan. Son physique y est aussi pour quelque chose : un œil d'éléphant, où luisent tour à tour la ruse, la colère, la sagesse ; des avant-bras qu'il jette en avant ; une figure puissante, ravinée par le temps, qui se prête si bien à la caricature. Devant les caméras, le Général se livre à son alchimie favorite : il remplace les faits par leur représentation, les choses par les idées qu'il veut proposer, il sélectionne dans l'Histoire ce dont il a besoin pour modeler « son » histoire.

La télévision sous la botte du Général
De Gaulle voyait la télévision comme un organe du pouvoir ; on lui prête ce mot : « *La presse est contre moi, la télévision est à moi.* »

De Gaulle est un artiste des médias ; il se sert de la radio, puis de la télévision, pour, comme il l'exprime, « *sculpter la statue de l'État* ».

De Gaulle et les autres peuples (1958-1969)

Fondée sur le principe de l'indépendance nationale, la politique extérieure définie par de Gaulle tente de donner à la France une place de premier plan dans les enjeux mondiaux.

L'indépendance de la France vis-à-vis des grandes puissances

De Gaulle rêve d'une France en position de troisième puissance mondiale. Aussi, il n'est pas question qu'elle s'aligne sur l'un des deux blocs ennemis que sont les États-Unis et l'Union soviétique. Par souci d'indépendance, la France de de Gaulle engage un dialogue avec le monde communiste (reconnaissance de la Chine en 1964, visite en Union soviétique en 1966), mais sans pour autant bien entendu faire allégeance. Pour protester contre l'hégémonie américaine, elle se retire en 1966 du commandement militaire intégré de l'OTAN*.

Une défense propre

Ni proaméricaine ni prosoviétique, la France doit pouvoir se défendre ; l'arme nucléaire* est le moyen de sa puissance. En 1960, elle procède à sa première explosion atomique dans le Sahara algérien (à Reggane) et, en 1968, elle se dote de l'arme thermonucléaire. Faisant alors partie du club très fermé des pays détenant la bombe atomique, elle met en place une force nationale de dissuasion prête à servir en cas d'attaque.

Le Général se méfie des États-Unis, mais, en 1961, il reçoit cordialement leur président John F. Kennedy et sa femme en visite en France.

La fin de l'empire colonial

Il faut aussi clarifier les rapports avec les pays associés à la France. Quand

le fondateur | l'homme politique

de Gaulle revient au pouvoir, en 1958, celle-ci est encore une grande puissance coloniale. Au mois d'août 1958, il visite plusieurs territoires d'Afrique française afin de promouvoir l'idée d'une Communauté, groupe d'États autonomes qui s'administrent eux-mêmes mais qui ne sont pas indépendants. Cette entreprise est couronnée de succès, car, à l'exception de la Guinée, tous répondent oui lors du référendum du 28 septembre 1958. Mais très vite la Communauté devient un cadre vide, car les nouveaux États autonomes aspirent à l'indépendance politique. Ils l'obtiennent entre 1958 et 1960 – sans que soit tiré un seul coup de fusil. Avec ces peuples, comme avec d'autres peuples du tiers-monde, de Gaulle entretient des liens privilégiés, et les rapports entre la France et ses anciennes colonies reposeront sur des accords de coopération.

L'Europe : oui, mais...

De Gaulle est favorable à l'Europe*, qui a commencé à se construire avant son arrivée au pouvoir en 1958 : il pense que le rôle de cette nouvelle force politique est d'affirmer son autonomie entre l'Est et l'Ouest. Mais il n'est pas d'accord pour qu'elle se substitue aux nations qui la composent ; ce doit être une « Europe des États » et non une Europe supranationale. Pour qu'une telle construction puisse voir le jour, il faut d'abord que l'Allemagne et la France, ennemies pendant des siècles, se réconcilient. Les initiatives du Général, son amitié avec le chancelier allemand Adenauer conduiront à l'entente entre les deux pays, cimentée par un traité de coopération signé en 1963. En revanche, de Gaulle est fort mal disposé vis-à-vis de la Grande-Bretagne : il la considère comme trop liée aux États-Unis et à l'immense ensemble de ses anciennes colonies, le Commonwealth, pour pouvoir tenir sa place dans l'Europe. De 1961 à 1963, d'âpres discussions ont lieu ; en 1963, de Gaulle oppose un veto formel. En dépit de ce veto, les Britanniques restent déterminés dans leur intention d'adhésion et entreront dans la Communauté en 1972.

Astérix entre en scène

Dans les années 1960 est créée par Uderzo et Goscinny la bande dessinée *Astérix*.
Ce personnage, suivi de sa poignée de Gaulois qui pulvérisent, à force de courage et de ruse, des légions entières, évoque de Gaulle.

Contestation de la puissance américaine, dialogue avec le monde communiste, acceptation des indépendances, participation à l'Europe : tels sont les quatre piliers de la politique extérieure voulue par de Gaulle.

Lutter et gouverner avec des mots

Le Général, dans la position de celui qui donne des ordres, a le sens de l'expression qui fait mouche ; ses mots et ses formules sont choisis avec soin.

Le discours du maître

Dès le début de ce qu'il faut bien appeler sa carrière politique, le Général n'existe que par les mots. En 1940, il crée un mot et une chose, la Résistance. Il ne cesse de montrer que le dire peut faire, et tout particulièrement faire l'Histoire. Sa parole commande, il est celui qui sait, décide et tranche. Celui qui a tout risqué dans une action de prestige qui lui a valu l'adhésion des Français est un maître. L'histoire est étalée devant lui, avec les cartes d'état-major, comme un panorama. Il ne regarde pas en arrière, tendu tout entier vers le geste à accomplir : « *Ma décision fut prise aussitôt.* » Je jugeai, j'adoptai, j'arrivai, je décidai, j'annonçai : tels sont les verbes à la première personne que l'on rencontre le plus souvent dans les *Mémoires de guerre*. Il exige l'obéissance : « *Point de facilité ni de dispersion qui tiennent !* » prévient-il.

Les formules chocs

De Gaulle avait le sens des formules. Nombre d'entre elles sont passées à la postérité : « *Je vous ai compris* » ou « *Vive le Québec libre !* » sont les plus connues. Mais il en est d'autres, et parmi elles « *le machin qu'on appelle l'ONU** » (1960), pour critiquer les institutions internationales ; « *la hargne, la grogne et la rogne* » (1961), afin de moquer les résistances de certains vis-à-vis de sa politique en Algérie ; « *l'espéranto ou volapük intégré* » (1962), pour dénoncer le jargon d'une Europe* supranationale dont il ne veut

---

Le Général et les autres

Les hommes qui lui ont succédé, Georges Pompidou (1969-1974), Valéry Giscard d'Estaing (1974-1981), François Mitterrand (1981-1995) et Jacques Chirac (1995-), ont eu du mal à rivaliser avec sa créativité verbale.

---

le rebelle   le fondateur   l'homme politique

pas ; « *Tout ce qui grouille, grenouille et scribouille n'a pas de conséquence historique* » (1967), pour fustiger les journalistes, une profession qu'il n'aime pas. Il y a aussi le fameux « *La réforme, oui. La chienlit, non* », pour mettre une limite aux revendications des rebelles de 1968. Et puis, tout le monde a en tête son étonnante géographie : la France, selon de Gaulle, s'étend « *de Dunkerque à Tamanrasset* » (1959), et l'Europe « *de l'Atlantique à l'Oural* » (1959).

Les mots rares

Le Général a un rapport très personnel avec la langue française. Il aime utiliser des expressions et des mots peu connus ou même désuets qu'il remet à la mode, n'hésitant pas parfois à les détourner de leur sens. Par exemple le « tracassin » est une légère inquiétude (vient de tracas). Le « volapük » est du charabia (d'après une langue artificielle inventée au XIXe siècle) ; la « chienlit », la pagaille (de chie en lit) ; un « micmac », un complot embrouillé ; un « quarteron », un petit groupe (en fait, cela signifie un quart de cent) ; un « pronunciamiento », un putsch militaire.

La tautologie, sa figure de style favorite

De Gaulle utilise souvent cette figure de style qu'est la tautologie, reposant sur la répétition d'une même idée de manière différente. Elle lui sert à enfoncer le clou, et il l'utilise comme une arme qui empêche toute remise en question. La France est la France, comme il ne cesse de le répéter, et cela vient justifier sa politique et son action. Il se sent tenu de « dire les choses telles qu'elles sont », c'est-à-dire telles que lui les perçoit. Il doit à la tautologie les plus percutantes de ses formules, l'« *Algérie algérienne* », l'« *Europe européenne* », mais aussi les plus étranges : « *Je salue Fécamp, port de mer et qui entend le rester* », « *Lyon n'a jamais été aussi lyonnaise* » et, plus magnifique encore, « *Je puis vous assurer que la Loire continuera à couler dans son lit* ».

Les bons mots du Général

On impute à de Gaulle de multiples réparties, mots d'esprit et pointes verbales ; certains sont vrais, d'autres non. Quoi qu'il en soit, ils font partie de la légende.

Le Général parle, les Français se souviennent de son éloquence : cet homme était un génie du verbe et se servait des mots pour gouverner et agir.

Une mythologie

Le Général est un homme qui a su se forger de toutes pièces une mythologie pour consolider sa posture de « grand homme ».

De Gaulle, un patrimoine commun

Le gaullisme fait partie de nos souvenirs communs, il berce nos rêves de grandeur, nourrit nos nostalgies. Depuis qu'en 1940 cet homme a incarné la France et qu'en 1958 il est intervenu pour sauver la République en danger, n'est-il pas devenu le patrimoine commun de tous les Français ? Pour ceux-ci, cet homme d'exception, délibérément hors norme et inclassable, désigné par un nom qui résume son destin (de Gaulle l'homme consacré à la France), fait véritablement figure de saint patron de la France. Et ce d'autant que le Général, doué pour manipuler l'image et les symboles, a su se forger une mythologie propre. Celle-ci tourne autour de trois éléments principaux : sa demeure, située dans un lieu-carrefour de l'histoire de France, l'uniforme militaire et la croix de Lorraine, véritable insigne de son combat.

Colombey-les-Deux-Églises

De Gaulle possédait depuis 1934 une propriété dans ce village de Champagne : carrefour symbolique de l'histoire de France, Colombey est à égale distance d'Alésia au sud et de Domrémy, le village de Jeanne d'Arc, au nord-ouest. Non loin de là, il y a Troyes et les champs Catalauniques, où Attila fut défait par les Francs, Brienne-le-Château, où Bonaparte fit ses études, Clairvaux, où saint Bernard fonda la première abbaye cistercienne… Entourée d'un parc, la demeure nommée la Boisserie, est vaste, et il est d'usage d'ajouter « *mais simple* ». De Gaulle y réside pendant la « traversée

le rebelle   le fondateur   l'homme politiqu

du désert », c'est là qu'il vote, qu'il va à la messe, qu'il se retire en 1969 et qu'il meurt en 1970. Aujourd'hui, Colombey-les-Deux-Églises, un peu assoupi, est tout entier dédié au culte du grand homme.

L'uniforme du combattant

Dans la mythologie gaullienne, il y a l'uniforme militaire, porté sans décoration. Le Général a toujours aimé s'en revêtir, et pas seulement dans les grandes occasions. S'il avait sa raison d'être en 1940, il cesse de reposer sur une justification rationnelle par la suite. Tout se passe comme si l'habit du général servait d'enseigne à Charles de Gaulle ; comme pour Jeanne d'Arc l'habit d'homme, la tenue du Général devient le symbole de sa mission. Le général de Gaulle, parlant sous la Ve République en qualité de chef d'État, prend soin de s'en parer chaque fois qu'il s'adresse à l'opinion publique avec une certaine solennité. Cet habit kaki permet à de Gaulle, tout au long de sa carrière, de montrer ce qu'il entend être : militaire hors cadre, politique décidé à défendre jusqu'au bout la France et, surtout, général de Gaulle, c'est-à-dire l'homme du 18 juin. Combattant avant tout, il avait demandé dans son testament à être accompagné à sa dernière demeure par des soldats et des compagnons de la Libération.

Le symbole du combat : la croix

Le Général a un insigne, c'est la croix de Lorraine ; son origine, il faut bien le dire, est incertaine. Elle est adoptée comme emblème par la France libre et de Gaulle y lit un emblème militaire. De toutes les figures de de Gaulle, c'est celle du combattant armé de cette croix de Lorraine qu'il a souhaité laisser aux Français. Conformément à sa volonté, ce n'est pas une statue en pied, mais une gigantesque croix qui, plantée sur une colline proche de Colombey, domine aujourd'hui la contrée. Plus que jamais, le Général est un signe de combat érigé au milieu de terres vides.

Sans oublier la DS

Dans la légende du Général, il y a aussi les fameuses DS Citroën noires et décapotables, dans lesquelles il se déplaçait toujours. Lorsqu'on lui avançait une autre voiture, il demandait : « *Où est ma voiture ?* »

> La figure du général de Gaulle est indissociable de Colombey-les-Deux-Églises, de l'uniforme militaire et de la croix de Lorraine.

L'appel du 18 juin 1940

**Un soir, un militaire inconnu parle
à la radio de Londres : c'est l'appel
du 18 juin 1940, dont l'impact
sur l'histoire de la France est énorme.**

[*Nota* : voir les pages 8 à 11 pour le fil des événements].

Le Général s'adresse
à la France
par l'intermédiaire
des ondes : à partir
du 18 juin 1940,
c'est un rendez-vous
quotidien.

Confusion

**Il n'existe aucun
enregistrement
de l'Appel.
On le confond
souvent avec
les mots de l'affiche
placardée en juillet
sur les murs
de Londres :
« La France a perdu
une bataille, mais
la France n'a pas
perdu la guerre. »**

Le poids des mots

De Gaulle part pour
Londres ; il est seul, mais
le Premier ministre britannique Churchill lui aurait
dit : « *Vous êtes tout seul,
eh bien, je vous reconnais
tout seul.* » Il s'insurge
contre la signature de l'armistice demandé par les
pouvoirs publics français
à l'Allemagne, et lance
le 18 juin un appel radiophonique à refuser la défaite
et à résister aux Allemands. Assurément, l'exceptionnelle aventure d'un homme et d'une nation qu'est
le gaullisme commence ce jour-là. L'Appel, s'il rencontre
bien peu d'audience dans l'immédiat, car il faut bien dire
que peu d'auditeurs l'ont entendu, change le cours
de l'Histoire. Ce discours va cristalliser sous son nom
toutes les énergies de la Résistance et des forces françaises
combattantes. Au fil des mois, les mots du Général, qui
parle tous les jours, gagnent en impact. Qu'un discours
d'un militaire inconnu ait pu avoir autant d'effet étonne.

Un acte de transgression

Agissant en rebelle, il rompt avec la légalité française.
Voilà ce qu'il dira de ce moment historique dans
les *Mémoires de guerre* : « *À mesure que s'envolaient
les mots irrévocables, je sentais en moi se terminer
une vie, celle que j'avais menée dans le cadre d'une*

le rebelle   le fondateur   l'homme
politique

France solide et d'une indivisible armée. À quarante-neuf ans, j'entrais dans l'aventure comme un homme que le destin jetait hors des séries. » En effet, l'Appel est avant tout un geste de transgression, puisque de Gaulle désobéit ; par là, il montre que dire non est parfois une question d'honneur. Il faut reconnaître que, de la part d'un militaire, la leçon ne manque pas de sel. Ce de Gaulle qui franchit une limite sans retour devient véritablement, aux yeux de ceux qui le suivent, un héros à caractère mythique : ce que nul n'a osé faire, lui l'a fait. Dorénavant, il est investi d'une mission, et quand il s'écrie le 18 juin : « *Mais la France n'est pas seule ! Elle n'est pas seule ! Elle n'est pas seule !* », cela signifie que s'il n'en reste qu'un, ce sera lui-même.

De Gaulle et Antigone

On a pu à bon droit comparer le de Gaulle du 18 juin à l'héroïne tragique de Sophocle, Antigone : celle-ci, refusant la loi imposée par Créon, se rebelle, dépasse les bornes et devient une extrémiste.

De Gaulle devient un personnage historique

Depuis le 18 juin, il le dit, il « *assume* » la France tout entière, et va devenir, selon le mot d'Emmanuel d'Astier (1900-1969), le « Symbole » : symbole de la liberté et de l'indépendance nationale, de la continuité républicaine et démocratique, de la rénovation future des institutions. C'est l'appel du 18 juin qui lui donne des droits face à l'Histoire : « *C'est moi qui détiens la légitimité* », écrira-t-il dans les *Mémoires de guerre*. Pendant toute sa carrière politique, il se réfère à l'Appel pour asseoir son pouvoir et justifier ses actes. C'est ce jour-là encore que le personnage historique semble s'être totalement emparé de Charles : « *Moi, général de Gaulle* », dit-il au micro de la BBC, et dorénavant ce nom lui servira d'enseigne. Devenu écrivain, président de la République, il restera toujours le « général de Gaulle », et ce nom, ce grade ou ce titre figurera sur son papier à en-tête, alors même qu'il n'est plus militaire depuis longtemps. De même, il parle de lui à la troisième personne dans ses œuvres écrites : Charles, l'homme ordinaire, disparaît devant le grand homme, ce « général de Gaulle » qui imprime sa marque aux événements.

L'appel du 18 juin 1940 est un acte de transgression qui fait du Général un héros et un personnage historique ; Charles devient le « général de Gaulle ».

La crise de 1958

En mai 1958, une crise grave liée à la question algérienne manque de mettre à bas la République : de Gaulle est rappelé au pouvoir.

La crise du régime

Les historiens disserteront sans doute longtemps sur les conditions ambiguës dans lesquelles le général de Gaulle revient au pouvoir en 1958. Dans les heures fiévreuses qui marquent la fin de la IVe République, de Gaulle, retiré de la vie politique depuis 1946, mène un jeu habile qui a pour objectif de revenir au pouvoir par des voies légales. Il attend son heure, et celle-ci est arrivée : au début de l'année 1958, la question algérienne prend un tournant décisif. Depuis trois ans, la France mène une guerre épuisante contre les Algériens, qui réclament leur indépendance. Les Français d'Algérie n'acceptent qu'une perspective, celle de l'Algérie française, et craignent d'être abandonnés par la métropole. Le 13 mai 1958, des manifestations tournent à l'émeute. Le siège du Gouvernement général est occupé et un « Comité de salut public » est constitué, sous la présidence du général Massu (1908-2002). L'armée soutient les émeutiers, qui en appellent au général de Gaulle.

En 1958, l'opinion s'inquiète

Dans sa conférence de presse du 19 mai 1958, de Gaulle cherche à rassurer ceux qui le pensent à l'origine d'un coup de force contre la République :
« *Croit-on qu'à 67 ans je vais commencer une carrière de dictateur ?* »

Le spectre de la guerre civile

Le général de Gaulle, depuis sa maison de Colombey-les-Deux-Églises, se présente comme le seul « recours » contre les périls qui montent. Les motifs d'espérer son retour sont contradictoires : les uns sont convaincus que seul le Général pourra conduire l'Algérie à l'indépendance, les autres sont persuadés au contraire qu'il préservera l'Algérie française.

le rebelle   le fondateur   l'homme politique

À tous, une forte autorité apparaît nécessaire pour trouver une issue à la guerre. De Gaulle annonce le 15 mai qu'il se tient « *prêt à assumer les pouvoirs de la République* » : le processus de son accession au pouvoir est engagé. Mais, pour y arriver dans les formes compatibles avec la loi, il faut qu'une majorité se dessine pour considérer que l'ancien chef de la France libre est le seul à pouvoir éviter une dictature militaire. Une campagne de propagande habilement orchestrée entame l'opposition des partis de gauche. Et ce d'autant plus facilement que, le 24 mai, c'est la panique en France : l'insurrection a gagné la Corse, une rumeur prétend que les parachutistes vont envahir Paris.

L'appel à un « sauveur »

Plusieurs fois, la France a eu recours en cas de crise à une personnalité qui a un temps joué un grand rôle, puis qui a été écartée : Thiers en 1871, Clemenceau en 1917, Poincaré en 1926, Pétain en 1940.

Le retour de de Gaulle

L'ombre de la guerre civile grandit. Le 28 mai, Pierre Pflimlin (1907-2000), chef du gouvernement, démissionne. Le 29 mai, le président de la République, René Coty, annonce qu'il a fait appel au général de Gaulle et qu'il démissionnera si celui-ci n'est pas investi. L'heure est grave, et de Gaulle incarne à ce moment-là l'homme providentiel alors que tout semble perdu. Il demande la confiance à l'Assemblée nationale le 1er juin, et l'obtient en dépit du vote négatif de 250 députés, les communistes et la moitié des socialistes, de Pierre Mendès France, de François Mitterrand et de quelques-uns de leurs amis. De Gaulle, qui devient le dernier président du Conseil de la IVe République, forme son gouvernement ; à cet instant de l'Histoire, l'opinion publique s'interroge : est-il le chef de file d'un coup de force contre la République, ou constitue-t-il le seul recours contre ceux qui mettent la République en danger pour établir le pouvoir de l'armée ? Le retour de de Gaulle n'est pas un coup d'État : il est investi par un vote libre de l'Assemblée nationale, et la révision constitutionnelle qui se met en place respecte les formes démocratiques.

La IVe République meurt en trois semaines, et de Gaulle, le sauveur, ramasse un pouvoir dont personne ne veut : le mandat politique qui lui est alors confié est équivoque.

Les événements de 1968

Face à la contestation de Mai 68,
expression d'un mécontentement
multiforme, le Général, d'abord débordé,
reprend la situation en main,
mais le charme est rompu.

Mai 1968 :
la prise de parole

Les étudiants,
les jeunes
et les grévistes
échangent
des idées, écrivent
sur les murs :
« *Il est interdit
d'interdire* »,
ou « *Soyez réaliste,
demandez
l'impossible* ».
L'imagination
aurait-elle pris
le pouvoir ?

En mai, fais ce qu'il te plaît

Au début du printemps 1968, la France semble calme,
et le journal *Le Monde* publie un éditorial intitulé :
« *La France s'ennuie* ». Peu de temps après, elle va connaître
la plus grande grève générale de son histoire. Tout a
commencé quelques mois plus tôt, sur le nouveau campus
de Nanterre ; la légende veut qu'un règlement interdisant
aux garçons d'aller dans les chambres des filles ait mis
le feu aux poudres. À la suite d'incidents, la faculté de
Nanterre est fermée ; le 3 mai, les étudiants contestataires
se replient à la Sorbonne ; la police les expulse, arrête
cinq cents d'entre eux ; aussitôt, le Quartier latin entre
en effervescence. Pendant plusieurs jours, des barricades
sont dressées dans les rues, où des milliers de manifes-
tants affrontent les CRS. Peu à peu, le mouvement
fait tache d'huile, touchant les lycées, la province,
les entreprises, les services publics… Le pays est paralysé,
l'essence et l'électricité manquent. Malgré la négociation
des accords de Grenelle, qui donnent des avantages aux
salariés, l'État gaulliste est entraîné dans la tourmente.

La défaillance du pouvoir

La crise de 1968 révèle les insuffisances de la politique
gaulliste et les blocages de la société française. Tandis que
les étudiants gauchistes critiquent la « société de consom-
mation », d'autres revendiquent pour en connaître les
avantages. Face à cette véritable « crise de civilisation », le
pouvoir est d'abord désarmé ; le 29 mai, le Général quitte
secrètement Paris pour Baden-Baden, en Allemagne,
où sont stationnées les troupes françaises. Le mouvement
de contestation amorce sa décrue ; de retour en France

le rebelle   le fondateur   l'homme
politique

le 30, le Général lance un appel radiodiffusé : non, il ne partira pas. Il annonce la dissolution de l'Assemblée nationale, la tenue de nouvelles élections, et appelle ses partisans à réagir. Quelques heures plus tard, une grande manifestation a lieu pour soutenir le président de la République. De Gaulle a gagné : lors des élections législatives de juin, les gaullistes l'emportent largement.

Le départ et la mort

Mais de Gaulle veut restaurer le charisme des premiers temps en obtenant d'autres preuves de la confiance des Français. Malgré l'avis défavorable de ses proches, il s'engage sur un référendum risqué portant sur la réforme du Sénat et la régionalisation. C'est un « suicide politique », le préviennent ses proches : le 27 avril 1969, le projet est repoussé par 52 % des suffrages exprimés. Sentant définitivement rompu le lien qui l'unit au peuple français, de Gaulle décide sur-le-champ de se retirer de la vie publique. Le 28 avril, il déclare laconiquement : « *Je cesse d'exercer mes fonctions de président de la République. Cette décision prend effet aujourd'hui à midi.* » Après sa démission, il n'intervient plus dans la vie politique française ; il meurt peu de temps après, le 9 novembre 1970, âgé de 79 ans. À l'annonce de son décès, le président de la République Georges Pompidou (1969-1974) déclare solennellement : « *La France est veuve.* » *Hara-Kiri Hebdo*, sur un mode plus ironique et plus décalé, titre : « *Bal tragique à Colombey : un mort* ». Conformément à sa volonté, le Général repose dans le petit cimetière de Colombey-les-Deux-Églises.

Le testament du Général

« Je veux que mes obsèques aient lieu à Colombey-les-Deux-Églises. [...] Les hommes et les femmes de France [...] pourront, s'ils le désirent, faire à ma mémoire l'honneur d'accompagner mon corps jusqu'à sa dernière demeure. »

En 1968, confronté à une France en ébullition, de Gaulle rétablit l'ordre et suscite un référendum. Désavoué par les Français, il quitte le pouvoir et s'éteint peu après.

Les gaullistes

De Gaulle, tout au long de sa trajectoire, a été suivi par des hommes venus d'horizons différents.

Les gaullistes de la guerre (1940-1945)

De Gaulle n'aurait pas existé sans les gaullistes, cela va de soi. Pourtant, au début de cette aventure qu'est la Résistance, de Gaulle est peu écouté, et les officiers qui se rallient à lui se chiffrent au compte-gouttes ; le rejoignent notamment à Londres des militaires comme Catroux, Argenlieu, Hauteclocque, Larminat, Dewavrin, Koenig… Il y a aussi l'amiral Muselier, des civils tels que René Pleven, le professeur Cassin, Georges Boris, Pierre-Olivier Lapie, Jean Oberlé, Jean Marin, sans oublier Maurice Schumann. Il y a enfin des « sans grade », et tous les hommes valides de l'île de Sein, qui entrent par là dans la légende. Pour honorer ceux qui combattent pour la France libre, le général de Gaulle crée l'ordre de la Libération, décoration que 1 030 compagnons seulement reçoivent : c'est véritablement une nouvelle chevalerie qu'il entend créer à ce moment-là sous l'égide de la croix de Lorraine, le symbole du gaullisme.

Les gaullistes politiques (1947-1969)

Dans l'après-guerre, les principaux cadres et tout l'état-major du RPF sont directement issus de la Résistance et de la France libre ; parmi eux Chaban-Delmas, Malraux, Rémy, Bénouville. Pour ces hommes, la force du compagnonnage est très forte. Le RPF est dissous, mais,

Georges Pompidou

Après avoir été Premier ministre de de Gaulle, il est président de la République de 1969 à 1974. Tout en revendiquant la continuité avec le Général, il est porté, par sa pratique du pouvoir, vers une droite plus classique.

De Gaulle et l'un de ses Premiers ministres, Georges Pompidou, qui sera aussi son successeur à la présidence de la République.

en 1958, à l'heure où la République chancelle, les réseaux se reforment : à la tête de l'UNR s'installent Guichard, Foccard, Marette, Michelet, Debré, Soustelle… Jusqu'en 1968, tous les secrétaires généraux qui se sont succédé ont vécu d'un bout à l'autre l'histoire du gaullisme : Roger Frey, Albin Chalandon, Jacques Richard, Roger Dusseaulx, Louis Terrenoire, Jacques Baumel. Bien sûr, certains partent et d'autres rejoignent le mouvement. À partir de 1962, les anciens sont peu à peu remplacés par des hommes plus jeunes qui n'ont pas connu la Résistance. Parmi eux, Georges Pompidou, qui devient président de la République en 1969. La troisième génération apparaît à la fin des années 1960 : c'est la génération dite des « jeunes loups », qui mêlent le pragmatisme et l'efficacité à certains comportements technocratiques. Jacques Chirac est l'un d'eux, qui accède à la magistrature suprême en 1995.

« Tout le monde a été, est ou sera gaulliste »

Le mouvement gaulliste frappe par son étonnante diversité, source à la fois de richesse et de tensions. Son côté hétéroclite trouve sa source dans le drame de 1940, qui a fait voler en éclats les clivages religieux ou politiques. « *Le gaullisme,* a dit un jour l'écrivain André Malraux, *c'est comme le métro, on y rencontre tout le monde.* » Il s'agit bien d'un « rassemblement » où coexistent des hommes venus d'horizons différents, mais partageant la même idée de la France et la même admiration pour l'œuvre politique du Général. On y remarque peu de femmes : la seule figure féminine marquante du gaullisme est Michèle Alliot-Marie, qui a accédé en 1999 au poste de présidente du RPR. De même que le mouvement gaulliste lui-même, l'électorat gaulliste a longtemps été composite, représentant toutes les catégories sociales du pays. L'« idéologie » gaulliste recouvre aujourd'hui encore une multitude d'attitudes, ce qui explique le nombre élevé de groupes, de clubs et de chapelles, parfois rivaux, qui revendiquent l'orthodoxie.

Gaullistes ou chiraquiens ?

Autour de Jacques Chirac est apparue une nouvelle génération gaulliste : Alain Juppé, Philippe Séguin, Jacques Toubon… Mais ces hommes ne sont-ils pas surtout marqués par le « chiraquisme » et les combats contre la gauche ?

Les gaullistes ont d'abord été des gens dont le seul point commun était la fidélité à un homme, de Gaulle. Au fil des années, ils ont adopté des comportements politiques plus traditionnels.

Le stylo, fer de lance du gaullisme

De Gaulle est un homme d'écriture, pour qui les mots sont au commencement.

André Malraux (1901-1976)

De Gaulle respectait les écrivains. André Malraux, écrivain et résistant, met son talent à son service. Délégué à la propagande du RPF, il devient son ministre de la Culture lors de son retour au pouvoir.

Un écrivain

Le Général est un écrivain, et un écrivain fécond. Dans les années 1920-1930, de Gaulle a écrit pour défendre ses conceptions sur la guerre : il publie *La Discorde chez l'ennemi, Le Fil de l'épée, Vers l'armée de métier, La France et son armée*. Puis, dans les années 1950, le Général, retiré de la vie politique, se remet à écrire : ce sera les *Mémoires de guerre*, publié entre 1954 et 1958. Ce livre, véritable clé de voûte de son œuvre écrite, connaît un succès considérable auprès du public et devient un véritable best-seller. Dans les années 1960, de Gaulle écrit la suite, les *Mémoires d'espoir*, qui doivent évoquer ses onze années à la tête de l'État, mais son décès ne lui permet pas d'achever cet ouvrage.

Les *Mémoires de guerre* : une histoire d'amour

Cet ouvrage est, disent les éditions Plon, « *un compte rendu de l'action du général de Gaulle entre 1940 et 1946* ». Il contient, certes, discours et batailles, histoire et politique. Pourtant, il est beaucoup plus, et échappe au genre militaire. Dès la première phrase, peut-être la plus fameuse : « *Toute ma vie, je me suis fait une certaine idée de la France* », le lecteur sait que la partie engagée est plus vaste que l'action décrite. « *Acte politique – sinon polémique – œuvre d'art – ou meuble d'époque – plutôt que procès-verbal* », énumère Jean Lacouture, biographe de de Gaulle, les *Mémoires* sont tout cela à la fois. Mais peut-être ce texte inclassable est-il avant tout une histoire d'amour avec la France : elle sort magnifiée de ce récit épique qui la tire de l'ombre et la grandit aux yeux du lecteur.

le rebelle   le fondateur   l'homme politique

De Gaulle combat avec la plume

Mais les *Mémoires de guerre* ne sont pas qu'une histoire d'amour. C'est un texte de combat, car le style était pour le Général une arme aussi tranchante que l'épée. Celui que le politologue Stanley Hoffmann (né en 1928) a appelé « *l'artiste de la politique* » lutte par le verbe. Son corps-à-corps avec les mots vise à se construire et à se poser lui-même comme héros et combattant de la France.

> **Robert Brasillach (1909-1945)**
>
> Favorable au nazisme, l'écrivain est condamné à mort à la Libération. De Gaulle refuse la demande de grâce signée par une cinquantaine d'écrivains, parmi lesquels Mauriac, Malraux et Camus : Brasillach est fusillé en février 1945.

Et puis, il s'agit pour lui d'imposer une conception de l'Histoire assez personnelle : celle d'une Résistance monolithique (en fait, elle était plurielle), assimilée à l'ensemble de la nation, et qui a gagné la guerre (en réalité, c'est la puissance militaire des Alliés qui a décidé de tout). Si cette vision de l'Histoire promue par de Gaulle prévaut dans l'après-guerre, puis reflue dans les années 1970, le grand homme lui-même a été peu remis en cause.

Un style vieillot

Le style de de Gaulle peut paraître vieillot aujourd'hui. Élan lyrique, mots retentissants, emphase : le style est lourd et empesé, tout est au premier degré, contrastant avec l'humour et la verve dont le Général peut faire preuve dans d'autres contextes. Les métaphores sont ampoulées, telle l'échelle des salaires comparée à « *la toile de Pénélope* », ou le territoire du Fezzan à un « *fruit savoureux du désert* ». Ce sont peut-être les métaphores marines, qu'il affectionne, qui datent le plus : « *Mais je me vois comme un navigateur enveloppé d'un grain épais et qui est sûr, s'il maintient le cap, que l'horizon va s'éclaircir. En attendant, la bourrasque redouble.* » N'importe : si les *Mémoires* ne font pas véritablement partie de la littérature, ce livre est un monument de l'histoire de France, et c'est probablement à ce titre qu'il a fait son entrée dans la prestigieuse collection de La Pléiade.

> Le général de Gaulle se sert de sa plume comme d'une épée, et ce afin d'exalter la France et de défendre sa conception de l'Histoire.

Une idéologie ?

Le gaullisme est difficile à définir ; l'exaltation de la nation et l'indépendance nationale en sont deux idées-forces.

Le gaullisme, un phénomène « multidimensionnel »

Qu'est-ce que le gaullisme ? Est-ce une philosophie ? Un idéal ? Une méthode d'action ? Une doctrine ? Un parti ? Ou seulement la fidélité à un homme ? Il n'est pas simple d'apporter une réponse à cette question. Un des traits frappants du gaullisme est précisément d'échapper à la rigueur des définitions. On peut distinguer trois niveaux d'approche du gaullisme : d'abord, bien sûr, la pensée du Général, telle qu'elle ressort de ses écrits, de ses messages, de ses discours. Puis, la traduction de cette pensée : méthodes d'action, institutions, rapports politiques, le tout formant un système politique spécifique. Enfin, les courants gaullistes eux-mêmes, que des partis (du RPF au RPR) ont cherché à canaliser.

> **Les origines des idées gaullistes**
>
> De Gaulle a puisé ses idées auprès d'écrivains et d'intellectuels comme l'historien Jules Michelet (1798-1874), l'auteur nationaliste Charles Maurras (1868-1952), l'écrivain Charles Péguy (1873-1914) ou le militaire Ernest Psichari (1883-1914).

Les idées gaullistes

Le gaullisme, qui n'est pas vraiment une doctrine, tourne autour de deux idées fondamentales : la grandeur de la France et son indépendance. Toute la pensée politique de l'homme du 18 juin s'organise autour d'une conception historique de la nation au nom de laquelle le peuple français est convié à faire taire ses divisions et à se rassembler afin d'accomplir une œuvre de rénovation et de combat. Quant à l'indépendance nationale, elle se construit de façon volontariste grâce à un État solide, une politique de défense propre et un progrès économique soutenu. On le voit, pour le Général, les conceptions politiques en elles-mêmes comptent peu.

le rebelle | le fondateur | l'homme politique

Un électorat à l'image de la France

Presque inexistant avant 1958, le courant gaulliste s'est formé aux dépens de toutes les familles politiques traditionnelles. Plus d'un million et demi d'électeurs communistes votent oui au référendum du 28 septembre 1958, phénomène sans précédent depuis la Libération : le gaullisme bouleverse l'échiquier politique. C'est que le président de la République apparaît comme un rassembleur qui reçoit l'approbation de six à sept Français sur dix au tout début des années 1960. En 1965 encore, près de trois millions d'électeurs de gauche auraient voté pour lui au premier tour de l'élection présidentielle. C'est à cette diversité que le gaullisme de cette époque doit d'être une formation donnant une image assez fidèle du pays. Mais le gaullisme évolue et se normalise progressivement. En conséquence, l'électorat de Georges Pompidou en 1969 s'apparente davantage par sa composition sociologique à la droite classique. La droite gaulliste s'embourgeoise progressivement : le mouvement gaulliste, fondé autrefois en réaction contre les notables, ne survit que par eux. C'est dire que le « gaullisme gaullien », rassembleur, se transforme au fil du temps en « gaullisme partisan », reposant sur un appareil de parti classique.

L'avenir du gaullisme

Le gaullisme est-il appelé à disparaître ? Certains historiens, comme Serge Berstein, défendent cette thèse. En effet, l'exaltation de la nation est hors de saison dès lors que l'on accepte la construction européenne, et l'État fort est remis en cause par l'expérience de la cohabitation, qui érode le poids de l'exécutif. Si les idées gaullistes sont menacées, il semble qu'elles gagnent en étendue ce qu'elles perdent en profondeur, car elles ont dépassé le cercle relativement restreint des groupes gaullistes et imprègnent de vastes secteurs de l'opinion.

Le gaullisme est-il soluble dans l'histoire de France ?

Contrairement au socialisme ou au libéralisme, le gaullisme ne se réfère pas à une vision du monde ni à un type d'organisation de la société ; de plus, il n'existe qu'en France.

Si le gaullisme commence le 18 juin 1940, on ne sait guère où il s'arrête, car les idées gaullistes ont été absorbées par le corps politique et social.

La France selon de Gaulle

Le Général était animé par une vision romantique de l'Histoire dans laquelle la France est une personne.

La France est vivante

La France, selon de Gaulle, n'est pas une entité abstraite, elle vit, elle respire. Elle est, lit-on dans les *Mémoires de guerre*, « *une princesse des contes* », une « *madone aux fresques des murs* », vouée depuis toujours « *à une destinée éminente et exceptionnelle* », créée par la Providence « *pour des succès achevés ou des malheurs exemplaires* ». Telle est sa réalité profonde. De plus, de par son passé, elle occupe une place essentielle dans l'histoire des peuples. Mais la France, par nature, est menacée : « *Vieille France, accablée d'Histoire, meurtrie de guerres et de révolutions, allant et venant sans relâche de la grandeur au déclin, mais redressée de siècle en siècle par le génie du renouveau* », soupire de Gaulle dans les mêmes *Mémoires de guerre*. Aussi, lorsque la France s'enfonce dans la « *médiocrité* », en éprouve-t-il « *la sensation d'une absurde anomalie, imputable aux fautes des Français, non au génie de la patrie* ». Le Général identifie totalement son destin personnel à ce rêve d'une nation héroïque et généreuse animée par une ardente ambition ; de plus, les orientations de son action politique en découlent directement : la grandeur, l'indépendance, la puissance.

Notre-Dame la France

De Gaulle est un homme animé d'une foi, qui s'écrie que « *la mystique avait inspiré les élans de la France libre* » ; le patriotisme est sa religion. Jean Lacouture, son biographe, voit la pensée du Général comme entièrement « *désencombrée de Dieu* » : sa seule reli-

le rebelle   le fondateur   l'homme politique

giosité avérée transfère la Providence à l'Histoire, et l'élection de la Vierge à celle de la France. Quelle curieuse religiosité que celle de de Gaulle ! Qu'il s'agisse du jour de gloire ou du jour de la mort, c'est à « *Notre-Dame la France* » qu'il s'adresse. Le chevalier de Gaulle est, sans jamais désarmer, au service de sa dame, qui l'appelle à son secours : « *Nous avons à la libérer, à battre l'ennemi, à châtier les traîtres, à lui conserver ses amis, à arracher le bâillon de sa bouche et les chaînes de ses membres pour qu'elle puisse faire entendre sa voix et reprendre sa marche au destin* », écrira-t-il dans les *Mémoires de guerre*. Et, à l'instar du guerrier médiéval, il mène un combat pour l'élue, pour lui donner la vie, la sauver et la protéger.

> **Qu'est-ce que la France ?**
>
> L'écrivain Jean Paulhan se demande non sans malice, dans sa *Lettre aux directeurs de la Résistance* (1951) : « *Qu'est-ce que c'est que la France ?* [...] *La France, somme toute, non moins difficile à définir que l'homme.* »

Se prenait-il pour la France ?

La France parle, elle appelle à l'aide en 1940, et de Gaulle répond. Le 18 juin, elle lui adresse « *un appel suprême* », comme il le dira dans les *Mémoires de guerre*, et il donne de la voix pour la défendre. C'est grâce à lui que la France existe, qu'elle continue le combat ; mais il n'est pas que son représentant, il prétend « *incarner la France tout entière* ». Cette voix du Général qui, à partir de juin 1940, s'adresse aux Français, se donne pour la voix même de la France. Il cultive l'ambiguïté pour mieux servir ses desseins politiques et affirmer sa place dans l'Histoire : de Gaulle, c'est la France, et la France, c'est de Gaulle. Y croyait-il vraiment ? Ce qui est sûr, c'est qu'il s'identifiait aux grandes figures de notre histoire, et notamment à Jeanne d'Arc. Le Général se voit remplir le rôle qui était celui de la Pucelle jadis : sa mission sacrée est de sauver la France, potentielle-ment contre la France légale, en s'appuyant sur les profondeurs du peuple. Pour lui comme pour elle, il s'agit de « *bouter l'ennemi hors de France* ».

De sa « certaine idée de la France », véritable conception du monde du Général, davantage poétique que politique, découle l'essentiel du gaullisme.

Le réalisme

Le gaullisme est une conception de l'action politique à la fois pragmatique et volontariste.

Un souci d'emprise sur le concret

De Gaulle pense qu'il faut vivre dans le présent ; il sait que la politique est l'art du possible, et que certains événements sont inéluctables. Comme il ne cesse de le dire, les choses étant ce qu'elles sont et la France étant telle qu'elle est, on ne fait rien hors des réalités. Être réaliste, pour de Gaulle, cela consiste à saisir « *le sens de l'Histoire* » et à ne pas s'accrocher au passé. Cela consiste aussi à s'accommoder des faits dans la mesure où ils sont irréversibles et ne pas s'attacher à des fictions. C'est par réalisme que le Général accorde l'indépendance aux possessions françaises d'outre-mer, parce que cela correspondait au phénomène général d'émancipation des peuples.

Le gaullisme, un pessimisme

Le Général est saisi par des tentations récurrentes de découragement et de désespoir. À plusieurs reprises, il l'a relaté dans un entretien accordé à Michel Droit, il a songé à mettre fin à ses jours. Des méditations moroses l'entraînent fréquemment sur la pente du fatalisme : « *Quand bien même, d'ailleurs, je réussirais à mener à la victoire un peuple à la fin rassemblé, que sera, ensuite, son avenir ?* », s'interroge-t-il, désabusé, dans les *Mémoires de guerre*.

Le refus des idéologies

Pour lui, les idéologies ne sont que des chimères servant à camoufler les ambitions nationales. « *Le communisme passera*, écrit de Gaulle dans

le rebelle | le fondateur | l'homme politique

les *Mémoires de guerre*, mais la France ne passera pas. »
Ce qui imprime sa marque dans l'Histoire, c'est la permanence de l'esprit de chaque peuple. Derrière la propagande soviétique perce l'impérialisme de l'éternelle Russie, l'Amérique est la fille de l'Europe et la Chine de Mao *« la Chine de toujours »*, pense le Général. Son réalisme débouche ainsi sur une realpolitik qui ne prête aux États que des appétits et des intérêts et fonde les relations internationales sur la puissance et la ruse. Ce réalisme se traduit également par un empirisme qui rend parfois la continuité de sa politique difficilement lisible ; tâtonnements, renversements d'alliances et changements de cap sont fréquents. C'est manifeste dans le domaine de la politique étrangère : il est loin de soutenir les mêmes idées de 1947 à 1969. De même, il a, semble-t-il, abordé la politique algérienne en 1958 sans avoir en vue de solution définie.

Une philosophie de la volonté

Le gaullisme n'est pas qu'un réalisme. Il s'incline devant les faits, mais refuse l'esprit de résignation, et prétend qu'il est possible de changer l'ordre des choses en s'opposant. Ce faisant, il a pour visée de se mettre à la hauteur du réel. Tout commence en 1940 par un refus, celui de l'humiliation de la défaite, et se poursuit en 1946 par un autre refus, celui d'un pouvoir jugé inadapté. Conçu comme une valeur positive, le refus gaullien permet d'imprimer sa marque sur les événements ; plus d'une fois sous la Ve République, de Gaulle pratique une politique d'obstruction efficace lui permettant d'affirmer sa force : boycottage des négociations de Genève sur le désarmement, « politique de la chaise vide* » pour imposer le marché commun agricole. Aussi le refus gaullien, audacieux défi lancé à une prétendue fatalité, est-il en même temps une exhortation à l'effort et au redressement. Dans ses discours et ses écrits, il appelle à *« gravir la pente »* si l'on ne veut pas rouler au *« fond de l'abîme »*.

Résister à la médiocrité

De Gaulle, qui dit, non sans méchanceté, *« les Français sont des veaux »* (1968), pense que le gaullisme a pour mission de résister *« au flot montant de la facilité »*.

Le gaullisme, c'est accepter l'inévitable, mais c'est refuser l'inacceptable ; n'est-ce pas d'une certaine manière une forme d'héroïsme ?

Ceux qui se réclament de lui

Les successeurs du Général revendiquent l'héritage, mais sont de moins en moins « gaullistes ».

En 1974, Jacques Chirac devient Premier ministre du Président Valéry Giscard d'Estaing. Est-il gaulliste ou déjà … chiraquien ?

Les partis gaullistes

Ceux-ci ont été nombreux. Il y a eu d'abord le Rassemblement du peuple français (RPF), créé en 1947, le seul parti qui a rassemblé l'ensemble des gaullistes. Sous la Ve République, en effet, une petite minorité des partisans de de Gaulle, notamment parmi les « gaullistes de gauche », reste en marge de l'organisation majoritaire. Cette dernière a changé plusieurs fois de nom depuis la création, en 1958, de l'Union pour la nouvelle République (UNR) : UNR-UDT en 1962, Union des démocrates pour la Ve République (UD V^e puis UDR) en 1967, Rassemblement pour la République (RPR) en 1976. Le RPR, fondé par Jacques Chirac, cesse d'exister le 21 septembre 2002 : il s'est agrégé à une vaste formation, l'UMP (Union pour un mouvement populaire), composée de centristes et de libéraux. Des voix s'élèvent : « *C'est le gaullisme qu'on assassine !* » En fait, les choses sont plus compliquées, car le gaullisme, depuis quelque temps déjà, affrontait des problèmes d'identité.

L'après-de Gaulle : le gaullisme de droite, puis l'effacement

Revenons en arrière. Une période délicate s'ouvre pour le gaullisme à la suite du retrait de de Gaulle ; tout le monde se demande si le mouvement va survivre à son fondateur. Avec l'élection de Georges Pompidou comme président de la République (1969-

Les cohabitations

De 1986 à 1988, François Mitterrand cohabite avec le Premier ministre Jacques Chirac, puis, de 1993 à 1995, avec Édouard Balladur. De 1997 à 2002, le président Jacques Chirac cohabite avec le socialiste Lionel Jospin.

le rebelle | le fondateur | l'homme politique

1974), c'est l'aile droite du gaullisme qui parvient au pouvoir, et ce au détriment de la tendance sociale. Pourtant, au sein de cette dernière, on trouve entre autres Jacques Chaban-Delmas, qui devient Premier ministre de Pompidou entre 1969 et 1972 ; mais il ne parvient guère à promouvoir son projet de modernisation sociale intitulé la « nouvelle société ». Les gaullistes essuient ensuite une succession de revers électoraux et perdent le pouvoir face au centriste Valéry Giscard d'Estaing, élu président de la République en 1974, et face au socialiste François Mitterrand, élu une première fois en 1981, qui assume le pouvoir jusqu'en 1995. S'ils perdent une succession de batailles, les gaullistes restent présents dans l'arène politique.

La reconquête et l'effritement

Le RPR, machine électorale au service d'un seul homme, Jacques Chirac, est le fer de lance de la reconquête. Les gaullistes s'emparent du gouvernement de 1986 à 1988, de 1993 à 1995, puis à partir de 1995 quand Jacques Chirac devient président de la République. Mais ils vont prendre leurs distances par rapport à l'héritage du Général sur trois points. D'abord en acceptant la cohabitation entre un président de la République et un Premier ministre de couleurs politiques différentes, ce qui affaiblit la tête de l'État et limite le pouvoir présidentiel ; puis en approfondissant la construction européenne au détriment de la souveraineté nationale ; enfin en privilégiant le « moins d'État » libéral au détriment de l'« État fort » gaullien. Bref, le RPR, au fil du temps, est devenu de moins en moins gaulliste et de plus en plus une simple fraction de la droite française. Corrélativement, hors du RPR, certains hommes politiques revendiquent l'héritage du Général. C'est le cas de Charles Pasqua, l'un des fondateurs du RPR, qui a rompu avec ce parti par hostilité à la cohabitation et à l'Europe*, mais aussi de Jean-Pierre Chevènement, compagnon de route de la gauche, qui prône une restauration républicaine.

Le traité de Maastricht

Ce traité décide de la création d'une monnaie unique ; les gaullistes y sont plutôt opposés, mais Jacques Chirac vote oui au traité. Les Français, consultés par référendum en 1992, disent oui du bout des lèvres.

Le général de Gaulle se targuait de n'appartenir à personne ; aujourd'hui, c'est plutôt le gaullisme qui n'appartient plus à personne.

L'héritage

De Gaulle est aujourd'hui acclamé par l'ensemble de la classe politique, et le consensus autour du gaullisme occulte sa dimension de contestation de l'ordre établi.

L'image d'Épinal

Le metteur en scène Robert Hossein monte un spectacle intitulé *De Gaulle 1940-1945 : l'homme qui dit non* ; ce sera le spectacle-événement de la saison 1999-2000.

Le gaullisme, axe de la vie politique

Très critiqué de son vivant, de Gaulle fait aujourd'hui l'unanimité. Où est l'antigaullisme d'antan ? Les grands thèmes chers au Général imprègnent de vastes secteurs de l'opinion et influencent des milieux politiques très variés. C'est le cas de sa conception de l'État et des institutions, de ses idées en termes de défense nationale, de construction européenne et de relations internationales. Dans ce dernier domaine, les liens privilégiés avec l'Allemagne, le dialogue avec l'Est, l'ouverture au tiers-monde et la force nucléaire* de dissuasion n'ont pas été remis en question. François Mitterrand, à l'origine l'adversaire le plus acharné du premier président de la Ve République, n'a-t-il pas adopté lui-même, une fois parvenu au sommet de l'État, un comportement très gaullien sur certaines questions ? Jacques Chirac ne se situe-t-il pas dans la droite ligne du gaullisme quand il dit non à la guerre américaine contre l'Irak en 2003 ?

La parodie

L' « Appel du 18 joint » est un mouvement qui milite pour la dépénalisation du cannabis et des drogues douces en France. Le premier « Appel » a été signé par 150 personnalités en 1976.

Le rôle du grand homme

Depuis toujours, les historiens s'interrogent sur le rôle des grands hommes dans l'Histoire. Celle-ci est-elle le fait d'amples mouvements collectifs, de mécanismes indépendants de la volonté humaine ? Ou bien suit-elle la volonté d'individus particulièrement audacieux, énergiques, imaginatifs ? La vie du Général, cet homme hors cadre, véritable *deus ex machina* des ondes hertziennes et de l'Histoire, semble donner raison à ceux qui défendent la seconde opinion. En France, de Gaulle fait figure de « père fondateur » auquel chaque homme politique se doit

le rebelle | le fondateur | l'homme politique

de faire référence, de rendre un hommage déférent. Avant lui, Louis XIV, Napoléon, Clemenceau avaient également transformé le paysage national.

Un choix : dire non ou dire oui

De Gaulle est une médaille à deux faces. D'un côté, le résistant, de l'autre, l'homme d'État ; pour se montrer schématique, le premier nous apprend à nous révolter, le second à obéir. Dans l'opinion, le « premier » de Gaulle, celui de la guerre, suscite une admiration et une sympathie

Sous les traits rassurants du patriarche conservateur sommeille l'officier rebelle de 1940.

unanimes, alors que le second, l'homme d'État, est forcément plus discuté. De même les gaullistes se sont-ils trouvés, après la mort de leur fondateur, confrontés à un choix. Soit l'« esprit de la Résistance », la rébellion, soit la loi universelle, l'ordre qui s'impose à tous les Français. Les successeurs du Général ont, semble-t-il, parié sur ce dernier ; peut-être aurait-il été plus audacieux, mais aussi plus risqué, de miser sur la révolte.

Savoir dire non à l'inacceptable

Que reste-t-il de l'appel du 18 juin 1940 plus de soixante ans après ? Y a-t-il aujourd'hui des rebelles, des hors-la-loi qui se réfèrent à la fameuse prise de parole du général de Gaulle pour appuyer leur action ? Autrement dit, qui se situe dans la mouvance du 18 juin ? À première vue, personne, et c'est bon signe : car l'Appel est avant tout un refus catégorique de l'effondrement militaire français et de la déliquescence des institutions. Pourquoi et contre qui engagerions-nous un combat sans merci dès lors qu'aucun bruit de bottes ne menace le tracé de nos frontières et que nul principe républicain n'est bousculé ? De l'Appel, pourtant, il reste ce message : il faut savoir dire non à l'inacceptable, quitte à devoir combattre quand tout semble perdu.

Le Général nous a laissé une certaine idée de l'éthique et du courage ; peut-être un jour nous reviendra-t-il d'en faire usage.

Chronologie

- **1890**
  22 novembre : Naissance à Lille
  de Charles de Gaulle.
- **1909**
  Entrée à l'école des officiers
  de Saint-Cyr.
- **1916**
  Blessé à Verdun et fait prisonnier.
- **1921**
  Mariage avec Yvonne Vendroux.
- **1922**
  Entrée à l'École de guerre.
- **1924**
  Publication de son premier livre,
  La Discorde chez l'ennemi.
- **1932**
  Publication du *Fil de l'épée*.
- **1934**
  Publication de *Vers l'armée de métier*.
- **1940**
  6 juin : Sous-secrétaire d'État
  à la Guerre.
  18 juin : Appel sur les ondes
  de la BBC.
- **1944**
  14 juin : Retour en France après
  le débarquement allié.
  25 août : Entrée dans Paris libéré.
  Septembre : Président
  du Gouvernement provisoire.
- **1945**
  13 novembre : De Gaulle élu
  président du gouvernement
  par l'Assemblée constituante.
- **1946**
  20 janvier : Il démissionne
  de la présidence du gouvernement.

16 juin : Discours de Bayeux.
- **1947**
  14 avril : Fondation
  du Rassemblement du peuple
  français (RPF).
- **1954**
  Publication du premier volume
  des *Mémoires de guerre*.
- **1958**
  13 mai : Émeutes à Alger.
  1er juin : De Gaulle investi président
  du Conseil par l'Assemblée
  nationale.
  Août : Voyage en Afrique française,
  à qui l'indépendance est offerte.
  28 septembre : Ratification
  par référendum de la Constitution
  de la Ve République.
  1er octobre : Création de l'Union
  pour la nouvelle République.
  21 décembre : Élu président
  de la République.
- **1960**
  13 février : Explosion de la première
  bombe atomique française.
- **1961**
  8 janvier : Approbation
  par référendum de la politique
  d'autodétermination en Algérie.
  21-22 avril : Putsch manqué à Alger.
- **1962**
  8 février : Manifestation anti-OAS
  réprimée de façon sanglante
  à la station de métro Charonne.
  8 avril : Référendum sur les accords
  d'Évian, donnant l'indépendance
  à l'Algérie et mettant fin à la guerre.

le rebelle | le fondateur | l'homme politique

22 août : Attentat du Petit-Clamart.
28 octobre : Référendum sur l'élection du président de la République au suffrage universel.

- **1963**
14 janvier : Veto à l'entrée de la Grande-Bretagne dans la Communauté européenne.
22 janvier : Signature du traité franco-allemand.
- **1964**
Mars et septembre : Voyages en Amérique latine.
- **1966**
Mars : Retrait de la France de l'organisation militaire intégrée de l'OTAN.
Juin : Voyage en URSS.
1er septembre : Discours antiaméricain de Phnom Penh.
- **1967**
Juillet : Voyage au Québec ; « *Vive le Québec libre !* », dit le Général.
- **1968**
3 mai : Début des « événements de mai ».
23 et 30 : Les gaullistes gagnent les élections législatives.
- **1969**
27 avril : Le non l'emporte au référendum sur la réforme du Sénat et sur la régionalisation.
28 avril : Démission et retrait du Général à Colombey-les-Deux-Églises.
15 juin : Georges Pompidou,

ancien Premier ministre du général de Gaulle, est élu président de la République.
- **1970**
9 novembre : Mort de Charles de Gaulle.
- **1969-1972**
Jacques Chaban-Delmas est Premier ministre du président de la République Georges Pompidou.
- **1974**
2 avril : Décès de Georges Pompidou.
- **1976**
5 décembre : Création du Rassemblement pour la République (RPR).
- **1986-1988**
Jacques Chirac est Premier ministre du président de la République socialiste François Mitterrand.
- **1993-1995**
Édouard Balladur est Premier ministre de François Mitterrand.
- **1995**
7 mai : Jacques Chirac est élu président de la République.
- **2002**
5 mai : Jacques Chirac est réélu président de la République.
21 septembre : Une nouvelle formation politique de droite, l'Union pour un mouvement populaire (UMP), absorbe le RPR en même temps que les centristes et les libéraux.

Glossaire

Affaire Dreyfus : elle commence
en 1894 par une banale affaire
d'espionnage au profit de l'Allemagne.
Le capitaine Dreyfus, de confession
israélite, est arrêté et condamné ;
c'est une erreur judiciaire,
et progressivement l'affaire devient
publique. Elle va troubler la vie
politique française pendant des années
et séparer les Français en deux camps.

Centre national d'études spatiales
(CNES) : il est créé en 1961,
au moment où les Russes envoient
le premier homme dans l'espace
et où les États-Unis projettent
d'envoyer des astronautes sur la lune.
Le CNES est chargé de faire
de la France la troisième puissance
spatiale mondiale et jette les bases
de projets qui aboutiront en 1979
au premier vol d'Ariane, le lanceur
européen de satellites.

Europe : les principaux jalons en sont
posés dans les années 1950 et 1960.
En 1951 est créée la CECA,
Communauté européenne du charbon
et de l'acier, qui regroupe la France,
l'Allemagne de l'Ouest (RFA),
la Belgique, le Luxembourg
et les Pays-Bas. En 1957, le traité
de Rome crée la Communauté
économique européenne (CEE)
et Euratom (Communauté européenne
de l'énergie atomique). En 1964,
les trois communautés existantes,

à savoir la CECA, la CEE et Euratom,
fusionnent. Les dernières barrières
douanières sont supprimées en 1968.

Nationalisation : dans l'après-guerre
sont nationalisés de nombreux secteurs
économiques, ceux qui sont considérés
comme stratégiques ou d'intérêt
général. Le président François
Mitterrand procède à de nouvelles
nationalisations en 1981.
En 1986-1988, le gouvernement
Balladur fait marche arrière et met
en place des privatisations, politique
qui sera parachevée par le Premier
ministre socialiste Lionel Jospin
en 1997-2002.

Nucléaire : le Commissariat à l'énergie
atomique (CEA), créé en 1945,
est chargé de donner à la France
la maîtrise de l'atome dans
les domaines de la recherche,
de la défense et de l'énergie civile.
Dans ce dernier, il met au point
un programme d'abord fondé
sur la filière dite « graphite-gaz »,
qui, finalement abandonnée, facilitera
la mise en œuvre de la filière
« eau pressurisée » (licence américaine
Westinghouse). Cette filière permettra
à partir de 1973 la construction
de centrales nucléaires assurant
aujourd'hui la production des trois
quarts de l'électricité française.

ONU : l'Organisation des Nations

le rebelle   le fondateur   l'homme
politique

unies est créée en 1945 ; son objectif
est le maintien de la paix
et de la sécurité internationale.
La France appartient à l'instance
suprême, le Conseil de sécurité,
où elle détient un siège permanent
aux côtés des États-Unis,
de la Grande-Bretagne, de la Russie
et de la Chine.

OTAN : l'Organisation du traité
de l'Atlantique Nord est fondée
en 1949. Elle est l'émanation militaire
d'une Alliance atlantique servant
de structure à un bloc occidental dirigé
par les États-Unis jusqu'à la fin
de la guerre froide.

Plan : celui-ci a été qualifié
par le Général d' « *ardente obligation* » ;
instauré dans l'après-guerre, il fixe
le cadre de l'intervention étatique,
qui occupe une place centrale dans
l'économie française des années 1960.

Plan calcul : il s'agit d'un plan
gouvernemental adopté en 1966
et destiné à assurer l'indépendance
de la France en matière informatique.
L'objectif était de soutenir
une industrie nationale
dans ce domaine. Après l'opposition
au rachat par un Américain
de la firme Bull,
la seule firme française existant
dans ce secteur, la création
de la Compagnie internationale

pour l'informatique (CII) est décidée
par les pouvoirs publics.
Ce sera finalement un échec.

Politique de la chaise vide : la France,
estimant que la Commission
européenne a outrepassé
ses attributions, s'abstient pendant
six mois (en 1965) de participer
aux instances européennes.

Bibliographie

Il existerait plus de trois mille ouvrages consacrés
à de Gaulle ; la « gaullologie » se porte bien et semble être,
encore et toujours, l'un des sujets d'élection des Français.
Sans pouvoir évidemment être exhaustif, donnons ici
quelques références pour ceux qui veulent en savoir plus.

• D'abord, les principaux textes
de Charles DE GAULLE lui-même
Mémoires de guerre, coll. « Omnibus »,
Plon, 1989-1994, texte dont sont
extraites la plupart des citations
du Général mentionnées ici ; *Mémoires
d'espoir,* tomes I et II, Plon, 1970-1971 ;
Lettres, notes et carnets,
Plon, 1980-1988 ;
Discours et messages, Plon, 1970.

• La monumentale biographie
de JEAN LACOUTURE fait référence :
De Gaulle, Seuil, 1985-1986
(trois volumes : *Le Rebelle, Le Politique*
et Le Souverain).

• Sur le personnage :
CORINNE MAIER,
Le Général de Gaulle à la lumière
de Jacques Lacan, L'Harmattan, 2001 ;
sur ses références :
ALAIN LARCAN, *De Gaulle, inventaire :*
l'esprit, la culture, la foi, Bartillat, 2003 ;
sur de Gaulle écrivain :
ADRIEN LE BIHAN, *Le Général et son double,*
de Gaulle écrivain, Flammarion, 1996.

• Sur le gaullisme :
JEAN-CHRISTIAN PETITFILS,
Le Gaullisme, coll. « Que sais-je ? »,
PUF, 1988 ; pour plus de détails,
SERGE BERSTEIN, *Histoire du gaullisme,*
Perrin, 2001.

• Sur les aspects historiques
et constitutionnels :
JEAN-JACQUES BECKER, *Histoire politique*
de la France depuis 1945, Armand Colin,
2000.
MAURICE DUVERGER, *Les Constitutions*
de la France, coll. « Que sais-je ? »,
PUF, 1991.

• Des témoignages des proches
du Général :
OLIVIER GUICHARD, *Mon Général,*
Grasset, 1980.
PIERRE LEFRANC, *De Gaulle, un portrait,*
Flammarion, 1994.
ANDRÉ MALRAUX, *Les Chênes qu'on abat,*
Gallimard, 1971.
JEAN MAURIAC, *Mort du Général*
de Gaulle, Grasset, 1975.

On trouve la plupart des livres consacrés à De Gaulle à la bibliothèque de la Fondation Charles de Gaulle, 5, rue de Solférino, 75007 Paris.

• Sur la mythologie :
PIERRE NORA, « Gaullistes et communistes », in *Les Lieux de mémoires*, sous la direction de Pierre Nora, tome III, Gallimard, 1992 ; MAURICE AGULHON, *De Gaulle, Histoire, symbole, mythe*, Plon, 2000.

• Pour et contre :
RÉGIS DEBRAY a écrit une apologie : *À demain de Gaulle*, Gallimard, 1996, et STÉPHANE ZAGDANSKI, plus critique, un pamphlet : *Pauvre de Gaulle*, Pauvert, 2000.

• Un philosophe parle du général de Gaulle : Roland Barthes lui a consacré deux articles.
« De Gaulle, les Français et la littérature » (1958).
« Sur le régime du général de Gaulle » (1959), *Œuvres complètes*, tome I, Seuil, 1993.

• Le site Internet de la Fondation Charles de Gaulle est la référence pour les aspects historiques : http://www.charles-de-gaulle.org ; celui du Centre d'information

sur le gaullisme propose des études sur la pensée politique gaulliste : http://www.gaullisme.org

• Les périodiques : entre autres, *Espoir* (Fondation Charles de Gaulle, France) et *Grandeur* (Cercle d'études Charles de Gaulle, Belgique).

• Visiter les lieux de mémoire gaulliens :
Sa maison : La Boisserie, 52330 Colombey-les-Deux-Églises.
Le musée Charles-de-Gaulle : 9, rue Princesse, 59000 Lille.

Juin 1944 : le général de Gaulle est à Bayeux, la première ville
française libérée des nazis.

le rebelle   le fondateur   l'homme
politique

Index

Le numéro de renvoi correspond à la double page.

Responsable éditorial
Bernard Garaude
Directeur de collection
Dominique Auzel
Suivi éditorial
Cécile Clerc
Assistante d'édition
Isabelle Seret
Collaboration – Relecture
Juliette Antoine
Correction-Révision
Élisée Georgev
Maquette
Anne Heym
Iconographie
Anne Lauprète
**Conception graphique
et couverture**
Bruno Douin
Fabrication
Isabelle Gaudon
Magali Martin

Crédit photos
p. 3 : © W. McNamee - Corbis
p. 5 : © B. Mouth - Archives
de Gaulle, Paris, France - Bridgeman
Giraudon
p. 14 : © Bettmann - Corbis
p. 24 : © G. Dreux - Archives de
Gaulle, Paris, France - Bridgeman
Giraudon
p. 27 : © A. Nogues - Corbis Sygma
p. 28 : © Keystone France
p. 30 : © Keystone France
p. 36 : © Hulton-Deutsch Collection -
Corbis / p. 41 : © Keystone France
p. 42 : © Rue des Archives
p. 52 : © A. Dejean - Corbis Sygma
p. 55 : © Bettmann - Corbis
p. 62 : © Hulton-Deutsch Coll. Corbis

*Les erreurs ou omissions
involontaires qui auraient pu
subsister dans cet ouvrage malgré
les soins et les contrôles de l'équipe
de rédaction ne sauraient engager
la responsabilité de l'éditeur.*
© 2003 **Éditions MILAN**
**300, rue Léon-Joulin,
31101 Toulouse Cedex 9 France**

ISBN : 2-7459-1123-6
D. L. octobre 2003
Aubin Imprimeur, 86240 Ligugé
Imprimé en France